KB171053

수학적으로

— 수학적으로 생각하고 표현한다는 것은 종합적인 커뮤니케이션이다 —

말하고 쓰는 기술

지은이 **소부카와 다쿠야, 야마모토 나오토** | 옮긴이 **정지영**

이새빛

부모에게 물려받은 무모한 성격 때문에
어릴 때부터 손해만 봐왔다.

(나쓰메 소세키 《도련님》)

소설 《도련님》에 나오는 이 문장에는 왠지 끌리는 느낌이 있다. '무모한 성격'을 다른 말로 바꾸면 많은 사람이 공감하는 바가 있기 때문일 것이다.

'급한 성미'나 '소극적인 성격'을 넣어도 된다. 그리고 여기에 '수학이 싫다'라고 넣었을 때 공감하는 사람이 꽤 있지 않을까?

주변에서 사실 과학 분야에도 관심이 있었는데 수학을 못해 문과를 선택했다는 이야기를 자주 듣는다. 부모가 모두 수학을 잘했다고 하는 사람은 드물어서 무심코 한쪽 부모 탓을 하는 식으로 변명하는 사람도 있다.

그런데 요즘에는 수학을 기피하면 정말 손해 보는 것이 아니냐는 분위기가 팽배하다. 특히 문과라고 불리는 학부를 졸업한 비즈니스인은 위기감이 더욱 크다.

사회 구조가 디지털화되면서 크게 변화해, 새로운 비즈니스는 테크놀로지의 이해 없이는 진행되지 않는다. 그런 인식이 확실히 높아지고 있다.

그러나 이전부터 어떤 비즈니스라도 이과적인 인재는 필요했고, 역사를 거슬러 올라가면 과학 기술 변화의 물결을 파악한 사람이나 조직이 성과를 올려 왔다.

그 와중에 문과 계열인 사람도 해야 할 일은 있었기에 비즈니스의 업계를 지

탱해왔다. 고등학교에 다니면서 수학이 어려워 대충 이해하고 넘어가는 정도의 소양만으로도 어떻게든 해서 성과를 올린 사람도 있었다.

그런데 이제는 어째서인지 그리되지 않는 듯하다. 디지털화나 인터넷의 탓이 아니라 어떤 커다란 구조의 변화가 일어나고 있기 때문은 아닐까?

그런 문제의식이 이 책을 기획하게 된 계기였다.

나는 이른바 문과 커리어를 걸어왔다. 중학교 시절에 문과로 가야겠다고 거의 결정한 뒤부터 그랬다. 교과서는 이해했지만, 확 와 닿지 않았던 것이다. 다만 대학 학부생 시절에 선거 분석과 예측 모델을 배웠기 때문에 통계와 수적 처리에 어느 정도 경험이 있었다.

취업한 광고회사는 그야말로 문과의 본거지처럼 보일 수도 있다. 하지만 한 선배가 "광고는 과학과 예술의 결합이다."라고 말한 것이 정곡을 찌르는 표현이라고 생각한다. 막대한 양의 정보를 분석하고, 그런 지식을 바탕으로 창조적인 광고가 만들어진다. 그런 환경에서 제작, 리서치, 인사 부문에 몸담았던 적도 있어서 수학적 사고에 비교적 친숙했다. 한마디로 문과적인 커리어를 쌓으면서도 숫자를 좋아하는 편이었다.

그런데 2004년 독립해서 여러 기업의 인재 육성과 마케팅을 지원했고, 때때로 대학생들과 접하면서 사회 전체의 큰 변화를 느꼈다. 막연하지만 앞으로는 어떤 일을 하더라도 수학을 제대로 이해해두는 편이 낫겠다는 느낌이 들었다. 도련님이 무모한 성격으로 손해를 본 것 이상으로 큰 손해를 입을 수도 있는 것 아닐까?

다만 나는 수학에 문외한이었기에 생각은 있어도 행동으로 옮기기는 쉽지 않았다.

마침 그때 대학 동기와 25년 만에 재회했다. 그가 바로 이 책의 공저자인 소부카와 다쿠야다. 그는 대학원에서 수학을 전공하고 오랫동안 오카야마대학에서 근무했다. 서로 거리가 멀기도 해서 연하장을 주고받는 정도의 교류만 하다가 도쿄에서 새롭게 활약할 기회가 생겨 만나게 되었다.

옛 친구와 오랜만에 만나면 주로 추억이나 근황 이야기를 나누겠지만, 우리는 '사회인에게 정말로 필요한 교양은 무엇인가?'라는 주제가 나왔고, 의견이 딱 일치했다.

나는 어떤 학부든 수학적인 사고를 다시 한번 배워야 한다는 의견이었는데, 그는 바로 그 때문에 와세다대학으로 옮겨 왔다고 했다. 바로 기초 교양으로 수학을 가르치는 것을 실천하고 있는 전문가였다. 한편 나는 비즈니스의 현장에서 필요로 하는 사고와 기술에 관한 정보가 있었다.

그렇다면 '어떤 책을 쓸 수 있지 않을까?'라는 생각이 들었고, 논의가 시작되었다.

이런 상황이 되자 스스로 수학을 다시 공부할 필요가 있었다. 우선은 지금 비즈니스 현장에서 일어나는 일과 수학이 어떻게 활용되고 있는지를 정리했다. 그런 뒤에 현실에 맞는 설명과 전망을 소부카와가 써야 했기 때문이다.

새삼 최신 중고등학교 수학 교과서를 읽으니 그리움과 함께 왠지 싫었던 느낌도 되살아났다. 그런 와중에 수열, 로그, 혹은 미분 적분 등에 대해서 소부카와에게 물어보면서 수학과 비즈니스의 접점을 확실히 하려고 생각했다.

하지만 얼마 지나지 않아 깨달았다. 나는 수학에서 '무엇을 모르는지 모르는' 상황이었다. '무지의 지(자신이 모르고 있다는 사실 자체를 깨닫는 것-역주)'라는 말이 있는데, 이러면 '무지의 무지'란 말인가? 이대로는 끝없이 제로인 상태가 이어질 터였다. 그래서 우선 수학을 다시 공부하고, 벽을 느끼면 질문해 가기로 했다.

그는 고등학교 교단에 선 적도 있기에 정성껏 가르쳐 주었다. '문과의 뇌를 가진 사람의 버릇'도 어느 정도 알아주었을지 모른다. 그렇게 여러 논의를 거듭하면서 한 권의 책으로 틀이 다져졌다.

이렇게 해서 만들어진 이 책은 둘의 시점이 뒤섞이면서도 수학적인 논리와 증명에 대해서는 소부카와가 확실히 틀을 잡아주고 있다.

나는 그 틀을 바탕으로 안무를 생각하는 역할이었다. 교과서 수학은 지나치게 올곧아서 매력이 없다. 조금 무리한 자세를 취하거나 색다른 춤을 추게 해서 수학의 다양한 모습을 보여 가겠다고 밝혀둔다. 다만 그런 춤을 무리해서 추려고 하지는 않았다. 즉 수학의 뼈대는 흔들지 않은 셈이다.

나는 이 안무라는 것이 바로 말하기·쓰기라고 생각한다.

수학적으로 생각하고 표현한다는 것은 수식이나 증명은 물론, 국어를 사용하는 종합적인 커뮤니케이션이다. 그래서 수학적으로 말하고 쓰기 위해서는 먼저 자기 주변에서 일어나는 상황을 객관적으로 정리해야 한다. 그것을 누구라도 이해할 수 있도록 명확하게 구성하는 것이 시작이다.

이렇게 사회에서 수학적 소양을 원하는 배경을 좇다 보면 우리는 저도 모르는 사이에 논리적 사고를 소홀히 해왔음을 깨닫게 된다. 그 문제는 오래전부터 지적되어 왔는데, 해결은 아직도 미흡하다. 비즈니스 의사결정 현장에서는 오늘도 여러 문제가 발생하고 있을 것이다. 이런 배경을 근거로 다시금 '수학적으로 생각한다'는 의미를 내 방식대로 정의하자면 다음과 같다.

있는 그대로를 보고, 불편한 것을 외면하지 말고, 가장 적절한 답을 찾아 공개적으로 논의하는 것.

이것이 지금 우리와 사회에 가장 필요하다.

야마모토 나오토

contents

제7장　행렬

part 03
수학적으로 설명하다

part

01

왜
비즈니스에
수학이
필요한가?

제 1 장

논리성 ─ 비즈니스와 수학의 관계

수학적 사고는
언제부터 필요해졌는가?

우리가 평범하게 일을 하는 데에 수학적 사고의 중요성이 서서히 높아지고 있다. 엔지니어 일손은 계속 부족하고, 통계는 비즈니스에서 필수 지식이라고 언급된다. 대학의 문과 계열 학부에서도 입시에 수학을 필수화하거나 통계학 등을 필수 수업으로 하는 움직임도 보인다.

통계만이 아니라 매사를 논리적으로 생각하고, 최신 기술을 이해하기를 요구하는 것이다.

일반적인 비즈니스인[1]은 그런 분위기에 위기감을 느끼고 있다.

그렇다 해도 언제부터 비즈니스 세계에 수학적 사고가 필요해진 것일까? 좀 더 일반적인 표현으로 하자면, '이과적 인재'에 대한 니즈가 매우 높아진 까닭은 무엇일까?

일단 짐작 가는 이유는 디지털 기술이 발달했기 때문이다. 사무실의 컴퓨터가 1인 1대가 되고, 자택에 컴퓨터가 보급된 것은 1990년대 후반 이후다.

그러나 사무직 근로자들이 컴퓨터로 하는 작업은 '종이와 펜'을 그대로 디지털로 옮겨놓은 일이 많다. 메일을 쓰고, 문서를 작성하고, 프레젠테이션 자료를 만든다. 표 계산으로 수치표나 그래프를 만드는 것은 컴퓨터로

---

1) 여기서 말하는 일반적인 비즈니스인은 문과 출신으로 대학을 나온 뒤 수학 등의 과목을 배우지 않고, 고등학교 수학의 기억도 약간 흐릿한 사람이라는 느낌으로 파악하기 바란다.

작업하고 난 뒤부터 훨씬 원활해졌지만, 내용 면에서는 간단한 수량 변화나 비율 등 기본적인 사칙연산을 바탕으로 하는 일이 대부분이지 않은가?

물론 통계 처리 등은 훨씬 복잡한 일을 할 수 있게 되었지만, 모든 사람에게 그런 기술을 요구하는 것은 아니다.

그렇게 생각했을 때 수학적 사고가 필요해진 요인을 단순한 도구로 이용하는 디지털 기기에서 찾을 것이 아니라 '비즈니스를 둘러싼 상황이 변화한 것은 아닐까?'라고 파악하는 편이 바람직하다.

좀 더 시야를 넓혀 보면 예전의 일반적인 비즈니스인, 좀 더 이미지로 그려보자면 80년대까지의 영업사원은 수학적인 것과 연이 없는 세계에서 도대체 무엇을 해서 성과를 냈을까? 그때는 어떠한 기술이 요구되었을까?

과거에는 단순한 판매 업무가 이루어졌다

그래서 예전 회사원의 업무가 이루어지는 과정을 생각해 보려고 한다. 전자기기 제조사를 예로 들어 살펴보자.

옛 경제 성장기에 '신형 라디오'를 제조했던 회사라는 이미지를 떠올려 보자.

작은 공장에서 시작해 소형 라디오를 개발한 제조사는 순식간에 국내 최고의 자리를 구축하는 동시에 해외에도 진출했다. 전기공학을 전공한 우수한 엔지니어가 있었기 때문에 품질도 우위에 있고 가격경쟁력도 있었다.

그런 가운데 영업사원은 전국의 판매점을 돌며 판로를 개척했다. 또한 영어에 능통한 사원이 적극적으로 해외와 상담을 진행시켜 나갔다.

이 업체는 마침내 오디오 제품을 개발했고, 음악 사업에까지 진출하여 음반을 판매하게 되었다. 기기의 판로를 다지는 한편, 계열 음반 회사도 방송국이나 음반 매장 등에 영업을 시작했다. 결국 하드웨어와 소프트웨어의 양쪽이 자리를 잡아 이 업체는 음악 분야에서 압도적인 지명도와 브랜드 파워를 보유하게 되었다.

이런 이야기에서 일반적인 비즈니스인이 맡은 주 역할은 무엇일까? 아마도 단순한 판매였을 것이다. 말하자면 영업직, 세일즈 업무다. 방문을 통해 교섭해서 견적을 내고, 발주해서 납기일을 맞추고, 청구서를 보낸다. 이것은 최근까지도 이루어지는 일이다.

잘 생각해 보면, 이러한 영업직의 업무에 전문적인 기술은 크게 필요하지 않다. 사내 교육이 제대로 되어 있으면 잘 배울 수 있다.

그 시대의 유능한 직장인, 즉 영업직에게 요구되는 것은 수치화하기 어려운 인간력[2]이라고 할 수 있다. 당연히 수학적인 소양이 필요한 경우는 드물었을 것이다.

---

2) 별로 좋아하는 말은 아니지만, 옛날 회사원의 회고록 등을 읽어 보면 그렇게밖에 말할 수 없는 힘이 그 사람의 경력을 좌우하고 있었다고 본다.

구조를 생각하지 않으면
팔리지 않는 시대로

그렇다면 요즘에는 사업이 어떻게 변화했을까?

여러분은 음악을 들을 때 어떻게 하는지 생각해 보자. 우선 스마트폰을 사용하는 사람이 많다. 그리고 어떤 형태의 전송 서비스를 이용하거나 다운로드해서 음악을 듣는다. 물론 CD를 구매해서 오디오 기기로 듣는 사람도 있겠지만, 주 무대가 되는 것은 인터넷 세계이기 때문에 일단은 그 상황을 생각해 보자.

스마트폰을 만드는 제조사는 세계적으로 한정되어 있다. 유력한 제조사의 신제품은 발표와 동시에 인터넷상에서 평가를 받는다. 물론 매장에도 제품이 진열되어 있지만, 그곳에 발을 들이기도 전에 이미 정보는 널리 퍼진다.

음악은 어떨까? 소문난 곡이나 자신이 좋아하는 장르를 인터넷에서 검색해 스트리밍이나 다운로드를 한다. 접속하면 수많은 노래가 있고 다양한 추천과 리뷰를 읽을 수 있다. 그러다가 처음에 생각했던 의도와는 전혀 다른 곡을 듣게 될지도 모른다.

이때 일반적인 비즈니스인은 어떤 업무를 할까? 옛 시대처럼 영업직이 담당했던 판매 역할은 어떻게 변화했을까? 하나 말할 수 있는 것은 무엇을 사고파는 데에 완전히 새로운 구조가 생겨났다는 점이다. 적어도 예전과 같은 영업 활동만으로 스마트폰이 팔리고, 음악이 팔리는 것은 아니다.

전문 기술이 없어도
이해력이 필요하다

이와 같이 생각해 보면 비즈니스나 사회의 구조가 크게 변화하면서 필요로 하는 기술이 바뀌었음을 알 수 있다. '어떻게 팔 것인가?'라고 하는 구조를 근본부터 생각했을 때 그 대부분이 디지털 기술에 의존하게 되었다. 그리고 새로운 시스템을 구축하게 되었다.

이렇게 되면 문과 출신의 영업직만 모여서는 기술이 부족하다. 당연히 엔지니어가 필요하다. 또한 실제로 비즈니스를 시작한 다음의 데이터 분석도 단순한 사칙연산을 넘어선 수학적 사고를 필요로 하는 경우가 서서히 증가하고 있다.

전문적인 시스템을 만들거나 데이터 설계는 전문가가 한다고 해도 그것이 어떠한 가치와 의미를 지니는지는 비즈니스 현장에 있는 사람이 이해해야 한다.

앞의 예로 말하자면, 지금까지는 영업팀이 음반이라는 '물체'로 판매해 온 음악을 인터넷에서 데이터로 판매하는 방식으로 바뀌었다. 경우에 따라서 판매하는 것은 '들을 권리'이며, 음악 하나하나를 얼마든지 마음껏 들을 수 있는 '구조'를 만드는 방식으로 이행되는 것이다.

그렇게 되면 단지 "○○만 장 팔렸다."라는 단순한 숫자만을 좇을 이유가 없다. 어떤 곡을 들은 사람이 또 다른 어떤 곡을 듣고 있는지를 분석한다. 나아가 음악에 한정하지 않고, 한 사람 한 사람의 기호에 맞춰 프로모션을 실시한다. 이런 시대에 전자기기 제조사나 음악 서비스 기업에 입사한 문과 계열 직원들이 갖춰야 할 자질이나 기술은 분명히 크게 달라지고 있다.

그리고 비슷한 상황은 모든 업계에서 일어나고 있다. 예전에 많은 문과 학부의 졸업생을 채용해온 금융업계에서도 이과 학부 출신의 경영진이 증가해왔다. 그렇게 생각했을 때 고등학교 때까지만 수학을 배워온 사람은 앞으로 어떻게 해야 할까? 그리고 문과 계열 사람의 존재 의의는 어디에 있을까?

수학을 몰라도 상관없었던 옛 시대는 예외

이렇게 보면 '역시 디지털화의 영향으로 문과의 업무에도 수학적 소양이 필요해지고 있구나'라고 생각할지 모르지만, 조금 다르다. 물론 디지털화의 영향이 없는 것은 아니다.

비즈니스의 역사를 더듬어 보면 분명 수학적 사고가 필요했을 것이다. 원래 비즈니스와 숫자는 떼려야 뗄 수 없는 관계다.

예전에는 문과 출신의 직원이 수학적 사고를 몰라도 무언가를 판매하는 업무가 존재했던 것이다. 그리고 그런 현장에서는 감이나 담력까지 포함해 유능한 사람이 존재했다.

그런 세계에서는 수학적인 사고를 필요로 하지 않았고, 오히려 이치만 따지기 좋아한다며 불편해하기도 했다.

특수했던 옛 시대의 상식이 전혀 통용되지 않는다는 것은 1990년대 후반부터 많은 사람이 알아차렸을 것이다. 하지만 변화의 속도는 느렸고, 마침내 모든 비즈니스에서 수학적 사고의 중요성이 인식될 즈음 디지털화의 물결이 겹쳐 온 것이다.

이렇게 생각해 보면 문과의 주 무대와 같았던 금융업에서 이과 출신의 경영진이 탄생하는 것도 지극히 당연한 일일 것이다. 애당초 수학적 사고를 하지 못하면 금융 비즈니스는 성립되지 않는다. 따라서 지금 많은 비즈니스 현장에서 수학적 사고를 필요로 하는 것은 어떤 의미로 '일반적인 상태'가 되었다고 할 수도 있다.

규칙 만들기에서
가치 만들기로

다른 시점에서 비즈니스나 사회의 모습을 봤을 때 문과인 사람에게 중요한 업무가 있다. 바로 규칙을 만들고 운용하는 일이다. 사무실 업무에는 영업 이외에도 인사·경리·법무, 경영 기획 등 사무 계열의 부문이 있다.

이런 부서에서 일하는 직원의 업무 내용을 단순화해서 말하자면 '규칙을 만들고 운용하는 것'이라고 할 수 있다. 그러기 위해서는 국가가 만든 법률, 혹은 국제 규칙 등을 알아야 한다. 그중 으뜸가는 부서는 바로 법무다.

이런 업무는 앞으로도 계속 필요하다. 하지만 그 내용도 바뀌고 있다. 인사는 채용이나 평가를 할 때 데이터 활용이 고도화되고 있고, 경리 재무는 장기적으로 경영 시뮬레이션을 실시할 필요가 있다. 법무도 특허 관리 등과 관련해서 전문 지식이 필요한 경우가 늘고 있다. 또한 다양한 테크놀로

지를 이해하지 못하면 M&A 안건을 판단할 수 없다.

그렇다면 단순히 규칙을 만들고 운영하는 것뿐 아니라 새로운 가치를 만들기 위해 어떻게 해야 하는지가 중요하다. 그래서 우선 상황을 가능한 한 객관적으로 바라보고, 다양한 지식을 도입해야 한다. 기존의 규칙만 내세우면 오히려 진보를 방해하게 된다.[3]

물론 기업 내부만의 이야기는 아니다. 규칙을 만들고 운용하는 일에서 가장 영향력이 있는 것은 국가나 지자체의 관료다. 그리고 그들이 갖춰야 할 능력의 변화도 기업과 완전히 똑같다. 즉 '왜 수학적 사고인가?'라는 이유를 생각해 보면 문과 출신 사원의 경력 개발 문제에 도달하게 된다.

문제는
숫자 이야기만이 아니다

그러면 이런 비즈니스의 변화를 보고 무엇을 알았을까?

누구나 당연히 수학적 사고를 지녀야 할 시대가 되었다는 것이다. 그러려면 다양한 수적 정보의 의미를 제대로 이해해두어야 한다. 그래서 이 책에서는 고등학교까지 배우는 수학 영역의 목적과 응용을 생각하고자 한다. 수학의 사고방식을 바탕으로 수학을 툴로 어떻게 활용하는지 파악하

---

3) 여기에서 가장 방해가 되는 것은 사실 기업 내부가 아니라 처음에 법률을 만들어 운용하는 사람들이 지 않을까 하는 의문도 생기지만, 그런 점을 논하면 다른 책이 되기 때문에 우선 자신의 업무에서 새로운 가치를 창출하는 것을 생각해 보자.

는 시점이다.

그러나 툴을 활용해 데이터를 분석하고 예측해도 그것을 토대로 올바른 판단이 내려진다고는 단정할 수 없다. 앞에서도 언급했듯이 수적 정보를 중시하는 움직임은 1990년 후반 정도부터 비즈니스 현장에서도 당연시되고 있다. MBA를 취득하는 사람도 증가했다.

그런데도 제대로 축적된 수적 정보를 살리지 못하고, 경영에 오판이 생기는 일이 아직 많다. 그 원인을 더듬어 보면 역시 수학적 사고와 관련되어 있음을 알 수 있었다. 무엇이 옳은지를 논리적으로 생각하는 능력이 부족한 상태로 그것을 판단하는 입장, 즉 매니지먼트 업무에 종사하는 사람이 너무 많다.

논리성은 틀림없이 수학적 사고의 근간에 있다. 그런데 문과 이과를 불문하고, 그런 사고가 행해지지 않은 일이 많다고 생각한다. 왜 그런 일이 여전히 일어나는지 파고든다면 그것만으로도 한 권의 책이 될 것이다. 실제로 명문 기업에서 장부 결산의 숫자를 맞추기 위해 어떻게든 하라며 경영자가 메일로 강요한 것이 화제가 된 적이 있다.[4]

하지만 이 책에서는 그 원인을 규명하려고 깊게 들어가지 않겠다. 비즈니스 현장에서 일상적으로 일어나는 사소한 교류 속에도 수학적 사고의 중요성이 잠재해 있다는 것과 그것이 무심코 잊힌다는 것을 살펴보고자 한다.

먼저 옳은 일을 어떻게 결정할 수 있는지 생각해 보자.

---

4) 결과적으로 그 기업은 해체되었는데, 그 과정을 따라가다 보면 역대 경영자들이 전혀 논리적으로 생각하지 않고 단지 매출만 추구했다는 사실을 잘 알 수 있다. 그 회사의 경영자 중에 이과 계열인 사람도 있었지만 말이다.

무엇이 옳은지
생각하기 위해

아주 일반적인 이야기를 하자면, '옳은 것'은 좋은 것이고 '틀린 것'은 나쁜 것이라고 할 수 있다. 그런데 무엇이 옳은지를 생각하면 상당히 어려워진다.

우리는 어린 시절부터 저도 모르게 옳은 것에 관해 배웠다. 초등학생이라면 배운 대로 받아들이려고 할 것이다. 올바른 자세, 올바른 식사법 등 옳은 것을 산더미처럼 배운다.

중학생이 되면 '이게 맞나?'라고 의심할 수도 있다. 학교마다 여러 교칙이 있지만, 그중에는 이상하다고 의문이 생기는 것도 있다.

점점 어른이 되면서 옳은 것이 반드시 하나가 아님을 깨닫는다.

"이렇게 하는 게 옳아."

"아니, 그건 옳지 않아."

비즈니스 현장에서도 그런 논란이 생길 수 있다. 하지만 이런 상황이 오면 쉽게 결말을 내리지 못한다. 그래서 사실을 바탕으로 논리적으로 생각하는 일이 얼마나 중요한지 강조된다. 비즈니스 관련 서적에도 그런 주제가 많이 보인다.

그런데 그런 공부를 하고, 연수를 받아도 무엇이 옳은지는 헷갈리고, 매니지먼트 업무를 하는 사람들도 그렇다는 것은 앞에서도 밝혔다.

왜 그렇게 되는지 다시 한번 생각해 보면 '모든 사람이 공유하는 대전제'가 알기 어렵게 되어 있기 때문인 듯싶다.

다음으로 몇몇 사례를 보면서 '무엇이 옳은가?'를 결정하는 것의 어려움을 생각해 보자.

등과 배를 바꿀 수 없다는 말은
논리적인가?

어떤 직장에서 이런 대화가 있었다고 해보자.

X "매우 중요한 기획 제안이 들어왔어. 시간이 없어서 열흘 후에 프레젠테이션을 해야 해. 당장 준비에 돌입해 주겠어?"

Y "죄송합니다. 다음 주는 휴가를 받아서 가족 여행을 갈 예정이에요."

요즘 회사 분위기로는 상사 X가 포기할지도 모른다. 하지만 "아니, 이 일은 정말 중요해.", "아니요, 이건 반년 전부터 예약한 여행이에요. 직원의 권리입니다."라는 식으로 분쟁이 생겼다고 하자.

그래서 X는 이렇게 말했다.

"그렇게 말해도 등과 배를 바꿀 수는 없는 거야!"

'등과 배를 바꿀 수 없다'라는 말은 알 듯 말 듯한 표현이다. 장기가 들어가는 배가 중요하기 때문에 등으로는 대신할 수 없다는 의미일 것이다.

다만 현실 세계에서 무엇이 등이고, 무엇이 배인지 전혀 정해져 있지 않다. X는 당연히 업무를 배라고 생각하겠지만 그것이 Y와 공유되어 있을 리 없다. 설령 Y의 휴가가 등이라고 해도 그것을 망치는 것을 인정하는지 안하는지는 또 다른 문제다. 즉 여기에서 말하는 '등과 배를 바꿀 수 없다'라는 것은 이리 보고 저리 봐도 논리적이지 않다.

그런 것은 당연하다고 생각하겠지만, 이렇게 아무런 기준도 없이 옳은 것을 결정하려는 논의는 꽤 여기저기에서 일어난다.

현실 세계에서 '무엇이 옳은가?'는 이렇게 결정되는 경우도 많다. 이는 한 사원의 유급 휴가 문제에 그치지 않는다. 기준이 모호한 채로 진행되는 논의가 때로는 기업의 명운을 좌우하기도 한다.

논리의 소실이 기업을 분해한다

업계 1위를 자랑하던 한 대기업의 과거 이야기다. 그 기업에는 간판 스테디셀러 제품이 있었는데, 점점 시장점유율이 떨어졌다. 경쟁사의 신제품이 시장점유율을 바짝 늘려 선두 자리를 넘보고 있었기 때문이다.

그 대기업도 신제품에 주력해 스테디셀러 상품과 더불어 간판으로 내세우려고 했지만, 경영 회의에서는 옥신각신하는 모습만이 보였다. 스테디셀러 브랜드는 그 회사의 대명사였기에 그 간판을 내려놓을 수는 없었다. 신제품으로 대신하는 것은 싸움에 지는 일이라는 의견이었다.

그런 비장한 의견이 강해져서 '등과 배를 바꿀 수 없다'라는 이치가 통했다. 결과적으로 그 스테디셀러 제품에 사운을 걸게 되었다. 하지만 단 하나의 간판 제품으로는 경쟁사의 공세를 당해내지 못했고, 전체 시장점유율도 계속 떨어져 결국 경쟁사에게 선두를 빼앗겼다.

이때의 논의에서는 아무런 전제도 목표 설정도 없이 감정만 앞섰다고 생각된다. 앞에서도 언급했던 전통적인 제조사가 해체된 과정을 쫓아 보면 역시 비슷하게 불합리한 논의가 눈에 띈다.

이익을 내지 못하는데 어쨌든 매출을 올리라고 하는 것은 경영의 대전제가 무너진 것이다.

'옳은 것'을 찾아내려면 누구나 이해할 수 있는 것을 축적하고, 냉정하고 논리적으로 생각해야 한다. 그것이 바로 수학적 사고다.

한편 매일 직장의 다양한 상황에서 아무 논리성 없는 경영의 의사결정이 내려지고 있다는 사실을 새삼 받아들이는 것이 중요하다.[5]

아무래도 지금 다시 배워야 할 수학적 사고는 숫자를 다루는 방법은 물론, 그 전에 논리적으로 생각하는 방법부터 시작해야 할 듯싶다.

수학이라는 눈으로 세상을 다시 바라본다

그러면 지금까지 본 내용을 다시 한번 정리해보자.

지금 수학적 사고가 필요한가? 이는 많은 사람이 업무 현장에서 느끼고 있을 것이다.

---

[5] 참고로 이런 '목소리 큰 사람에 의한 비논리적인 의사결정'은 이른바 노포 기업에 많을 것처럼 생각되겠지만, 젊은 기업에서도 일어나고, 국내외를 막론하고 볼 수 있다. 굳이 공통점을 들자면 한 번 성공했을 때의 경험에 사로잡히는 경우가 많다는 것이다.

먼저 수학에는 여러 문제를 분석해서 해결하는 '도구'의 측면이 있다. 지금 비즈니스에서 수학이 필요하다고 언급될 때는 도구로 이용하는 수학을 말하는 경우가 대부분이다.

이 책에서는 고등학교 2학년 정도까지 많은 사람이 배워온 수학 내용을 복습하면서 그것이 어떻게 실제 사회에서 사용되는지를 확인한다. 도구의 구조와 사용법에 대해 설명한다고 말할 수 있다.

하지만 수학은 단순한 도구가 아니다. 앞에서 말했듯이 많은 조직에서 일어나는 문제를 파고들면 애초에 논리적인 논의가 이루어지지 않은 채 길을 잘못 가는 경우가 아직도 많음을 알 수 있다.

논리적이라고 하는 것은 누구나 배웠을 테고, 오히려 국어와 같은 문과적인 영역으로 생각될 수도 있다. 그러나 수학적 시점으로 다시 살펴보면 완전히 다른 세계가 떠오른다.

그래서 '수학적으로 쓰기·말하기'의 본질을 배우기 위해 수학자의 시점으로 세상을 보면 어떻게 되는지 다음 장부터 그 이야기가 나올 것이다.

과연 어떤 세계가 펼쳐질까?

제 2 장

대상을 보는 관점의 수학

다카무라 고타로의
게센누마와 마주하다

우선 처음으로 다음 글을 읽어보자.

오나가와에서 게센누마에 갈 생각으로 오후 3시에 배를 탔다. 군항의 후보지라는 오나가와 만의 평화롭고 투명한 바다를 날아가는 괭이갈매기 군단이 그물을 덮은 어장 한가운데에 모여 앉아 고양이 같은 소리로 울부짖는 풍경은 진귀하다고 할 만했다. 만의 바깥쪽에 있는 이즈시마 섬의 좁은 해협에 다다르니 그 일대의 작은 섬이 괭이갈매기 떼로 새하얗다. 이 새의 번식지로는 아오모리현의 가부시마가 유명하지만, 이 근처에도 이렇게 많이 서식하고 있으리라고는 생각하지 못했다. 이들은 재빨리 물고기 떼를 찾아내고 그 위에 원형으로 진을 친다. 그들과 어선과는 상부상조의 사이라고 사람들은 말했다. 이름뿐인 암초를 지나 외양으로 나가면 배는 남방 20여 킬로미터인 긴카산을 뒤로 하고 일직선으로 진로를 잡아 북쪽을 향한다. 수온 20도, 기온 27도, 동방우현의 수평선에 있을까 말까 한 원양항로의 배가 몇 분 간격으로 일정한 연기를 하늘에 남기고 갔다. 이 수평선상의 전신기호가 언제까지나 사라지지 않는다. 날이 저물어 갈 무렵, 이와이사키에서 깊숙한 게센누마 만에 들어갔다. 만 안쪽은 얕은 여울로, 이미 어둠이 내린 수로가 매우 좁았다. 오우라의 뭍을 아슬아슬하게 지나가서 부표의 등에 의지해 입항했다. 오후 7시 반.

배에서 본 게센누마 마을의 화려한 등불에 놀랐고, 상륙한 뒤에는 완전히 근대적인 옷을 입고 있는 거리의 도쿄 모습에 놀랐다. 번화한 해안도

로의 여관에는 벌써 와타노하에서 이곳으로 오는 토라마루 일행 숙소라는 커다란 팻말이 나와 있다. 다마니시키 일행의 할당 인명도 나와 있다. 나는 어느 조용한 집에 묵었는데, 여름에 여행하는 사람이 꼭 만나는 여관의 수리공을 여기서도 보게 되어 당황했다. 성실한 목수가 밤에도 계속 공사를 했다. 그렇게 해서 기존의 건축방식을 개량해 도시풍의 새로운 양식이 만들어졌다.

　(다카무라 고타로 〈게센누마〉(아오조라 문고에서 발췌))

　정중한 묘사 속에서 옛 정서를 그리워하는 마음을 잘 알 수 있는 글이다. 그럼 이것은 어떨까?

　오나가와 항에서 게센누마 항까지는 해로 62.5km이다. 정기선을 타면 4시간 반 걸린다. 따라서 이 배의 평균 속도는 7.5노트다.

　같은 상황을 보고 있어도 시점이 다르면 전혀 다르게 보인다.

　다카무라 고타로가 본 것은 1969년 2월 23일 큰 불이 나서 타버린 게센누마의 거리가 재건될 즈음 옛 풍경에서 급변한 모습이며, 한편으로 당시의 정기선 속도에 대한 이야기다. 그리고 보니 최근 대형 정기선은 30노트로 항해하기도 한다고 하니 시대가 진보했음이 느껴진다. 문장에 의한 정경 묘사도 상당히 다르지만, 원래 같은 상황을 봐도 사람에 따라 파악하는 방법이 다르고, 또 목적에 따라 달라지기 때문에 이런 차이가 생기는 것은 당연하다.

숫자는 단어,
수학 기호·수식은 문장

이 배의 속도는 다음과 같이 계산된다.

1 노트 = 시속 1 해리

1 해리 = 1.852km

$$\frac{62.5km}{1.852km} ≒ 33.74 \text{ 해리}$$

$$\frac{33.74 \text{ 해리}}{4.5 \text{ 시간}} ≒ 1 \text{ 시간당시속 (해리) } 7.5 \text{ 해리} = 7.5 \text{ 노트}$$

그리 어려운 계산은 아닌데, 다음 식을 보자.

$$\frac{62.5}{1.852} = 33.74\cdots$$

$$\frac{33.74}{4.5} = 7.5\cdots$$

이렇게 되면 더는 다카무라 고타로가 선상에 본 경치와 거리의 모습은커녕 정기선의 속도에 대한 이야기라는 것조차 알 수 없다. 대신 누가 보든 간단히 같은 답을 끌어낼 수 있다.

수학은 현실에서 일어나고 있는 어떤 부분을 필요에 따라 잘라내어 숫자·수식을 나타내는 언어라고 할 수 있다. 여기에서 숫자는 단어이고, 이것들을 연결해서 생기는 수학 기호·수식은 문장의 역할을 한다.

그리고 수학은 표현된 사항에 대해 수학적인 조작(계산 등)을 추가해 어떤 결과를 가져온다. 나온 결과는 현실 상황에서, 이 예로 말하자면 20세기 전반과 현대 선박의 속도를 비교하는 데 사용할 수 있다.

그럼 반대로 다음 수식을 보자.

$$\frac{1}{2}gt^2 = 47.2 + 1.5 \qquad g = 9.8 \qquad \text{따라서 } t = 3.152\cdots$$

이 수식을 보고 친근감이 느껴진다면 고등학교 때 물리를 잘했을 것이다. 많은 사람은 무슨 말인지 모르겠다고 할 수도 있다. 이것은 갈릴레오 갈릴레이(Galileo Galilei)가 피사의 사탑에서 했다고 하는 실험에 관한 식이다. 기울어져 있는 7층 건물의 높이는 약 47.2m이다. 갈릴레오는 그 위에서 같은 크기의 쇠공과 나무공을 양손에 받쳐 올렸으므로 두 공의 높이는 건물의 높이보다 1.5m 더 높다. g는 중력가속도라는 상수, t는 공이 손을 떠난 후 지면에 도달할 때까지의 시간이다. 그것이 대략 3.15초이다. 이것이 이 계산에 담긴 의미다.

이렇게 수식은 실제 세계에 대한 다양한 정보를 깎아내린다. 그래서 그것만으로는 무엇을 의미하고 있는지 모르는 것이 오히려 당연할지도 모른다. 하물며 귀찮은 계산까지 시키면 좋은 추억이 없는 것도 당연할 것이다.

한편으로 어떤 특별한, 그러나 경우에 따라서는 매우 유용한 '대상을 보는 관점'이라고도 말할 수 있다. 이 책에서는 특히 제2부를 중심으로 '대상을 보는 관점의 수학'에 대해 생각하고자 한다. 단순히 계산해서 푸는 것이 아니라 그것을 이용해서 생각한 다음에 쓰기·말하기를 생각해간다.

수학은 그 자체로
매사가 진행되는 방식의 중요한 샘플

많은 사람에게 산수·수학이란

식이 주어져 있고

계산해서 답을 내고

○인지 ×인지 채점한다

이렇게 파악되고 있지 않은가?

식이 주어지지 않은 문제 = 응용문제(?)는 잘 못한다

이렇게 생각하는 사람도 많다. 그래서

증명문제는 싫다. 잘 모르겠다.

이렇게 되는 것이 아닐까?

그러나 앞에서 말했듯이 산수·수학은 하나의 관점이다. 한편으로는 실제
로 매사가 진행되는 방식의 중요한 샘플이라고도 말할 수 있다. 여기에서
수학자의 업무의 한 단면을 보면서 이에 대해 검토해보자. 다음에 예로 든
것은 어느 수학 논문이다.

삼각형 중 하나의 각이 직각이 되기 위한 조건에 대하여

경제학부 구리토 유타카

개요: 측량 현장에서는 세 변 길이의 비율이 3:4:5인 삼각형은 직각삼각형으로 된다고 알려져 있다. 본 논문에서는 이를 일반화해서 더 많은 사례에 측량이 용이해지는 것을 목표로 한다.

1. 연구의 배경과 정리

국가의 조세 징수는 꼭 필요하지만, 그 과세는 어떤 의미에서든 공평해야 한다. 밀의 생산을 중심으로 하는 우리나라에서는 본래 '수확고에 따른 세금 부담'을 기본으로 하려고 한다. 다만 수확고는 완전히 파악하기는 어렵다. 그래서 과세의 방법으로 '넓은 토지를 소유하는 사람은 그만큼 많이 수확한다'는 것에 주목한다. 즉 농지의 넓이(면적)에 따라 과세하는 것이다. 이를 위해서는 농지의 넓이를 알기 위한 측량술이 필요하다.

직사각형의 면적은 '가로×세로'로 쉽게 구할 수 있다. 문제는 토지의 모양이 직사각형인지, 즉 각도가 직각인지를 판정하는 데에 있다. 예로부터 세 변의 길이를 정하면 삼각형이 하나 정해진다고 했으며, 특히 그 변의 길이가 3:4:5일 때 한 각이 직각이 된다고 했다. 그래서 실제 측량에서는 밧줄을 쳐서 변의 길이가 3:4:5인 삼각형을 만들고, 그 직각을 토대로 땅이 직사각형임을 확인하여 가로와 세로 길이를 재어 면적을 계산한다. 여기에서 이 세 변에 대해 조사해보면 $3^2=9$, $4^2=16$, $5^2=25$가 되어, $3^2+4^2=5^2$가 되는 것을 알 수 있다.

본 논문에서는 이 사실을 더욱 일반화한 다음의 정리를 증명한다.

[정리] 삼각형의 세 변 중 두 변 길이의 제곱의 합이 다른 한 변의 제곱과 같다면 그 다른 한 변을 마주 보는 각은 직각이다.

이것으로 3:4:5 이외의 변의 비율을 가지는 삼각형, 예를 들어 변의 비율이 5:12:13인 삼각형이 직각삼각형이 되는 것을 알 수 있다.

2. 논의 준비

일반적으로 2개의 삼각형에 대해 다음과 같은 사실이 알려져 있다.

[정리(유클리드)] 2개의 삼각형의 대응하는 세 변이 각각 같을 때 한쪽을 이동시키면 다른 쪽에 딱 겹쳐진다.

이것은 참고문헌(1) 제1권 7절에 쓰여 있다. 이 책의 입장은 이를 정리로 증명하고 있는데, 중학교 수학에서는 이를 공리로 인정하기로 했으므로 본 논문에서는 그 입장을 취한다.

또 직각삼각형에 대해서는 다음과 같이 알려져 있다.

[정리(피타고라스)] 삼각형의 한 각이 직각일 때 그 직각을 마주 보는 변의 제곱은 다른 두 변의 제곱의 합과 같다.

이 정리는 참고문헌(1) 제1권 47절에 쓰여 있다. 그 증명에 대해서는 (1) 외에 참고문헌 (2)에 300가지 이상의 증명법이 설명되어 있으므로 본 논문에서는 생략한다.

3. 정리의 증명

$\triangle ABC$에서 $BC=a$, $CA=b$, $AB=c$, $a^2=b^2+c^2$라고 가정한다. 이때 $\angle A=90°$가 되는 것을 증명한다.

$\triangle DEF$에서 $\angle D=90°$, $FD=b$, $DE=c$라고 가정한다. 그러면 정리(피타고라스)로부터 $EF^2=FD^2+DE^2$이며 a〉0이라는 것에서 $EF=a$임을 알 수 있다.

그러면 $\triangle ABC$와 $\triangle DEF$에서 $AB=c=DE$, $BC=EF=a$, $CA=b=FD$가 되므로 정리(유클리드)로부터 $\triangle ABC=\triangle DEF$가 된다.

따라서 대응하는 각의 크기가 동일하므로

$$\angle A=\angle D=90°$$

이렇게 되는 것을 알 수 있다(증명 끝).

4. 앞으로의 문제

이 정리에 의해 세 변의 길이를 주었을 때 그것이 직각삼각형이 되는지 아닌지를 판정하게 되었다. 그 예로 3:4:5 또는 앞에서 말했 듯이 5:12:13이라는 조합이 있다. 그 밖에도 1:2:$\sqrt{3}$, 1:1:$\sqrt{2}$ (삼 각자) 등 무한히 있지만, 세 변의 길이(의 비율)가 정수로 나타내지 는 것도 무한한지에 관련된 문제를 검토하는 것은 중요하다.

감사의 말: 히타오라스 교수에게 본 연구에 관한 귀중한 의견을 받았다. 이 자리를 빌려 감사를 드린다.

이 논문에서 다룬 수학적인 내용은 중학교의 3학년의 수학 과목에서 다루 는데, 그 증명에는 깊게 들어가지 않는다. 여기에서는 그것을 소재로 '수학 논문'의 한 예를 만들어 보았다.

이런 것을 접해본 경험이 있는 독자는 별로 없을 것이고, 이것이 무슨 도 움이 되는지 회의적일 수도 있다. 사실 이 논문 자체는 도움이 되지 않을지 도 모르지만, 고찰하는 과정과 표현이 비즈니스의 전략을 세우는 방식이 된다는 것을 이 책에서 주장하고 싶다.

그 상세한 내용에 대해서는 제3부의 후반부에서 언급할 텐데, 우선은 이 논문의 내용에 대한 수학적 위상과 논리의 틀을 살펴보자.[1]

참고문헌   (1) EYKΛEIΔOY : ΣTOIXEIA(-0035)

            (2) E. S. Loomis : Pythagorean Proposition. 1st ed.(1928), 2nd ed. (1940). Reprinted by National Counsil of Teachers of Mathematics(1968, 1972).

1) 조금 추상적인 수학 논의가 되므로 우선은 여기를 건너뛰고 다음을 봐도 좋다.

전제와 결론
-형식 논리의 진행

대략 기원전 6세기에서 기원전 3세기 정도를 예상해보자. 농지 측량을 위해 가로×세로=면적이라는 관계를 사용한다. 그때 필요한 것은 땅을 직사각형으로 감정하는 것, 즉 직각을 만드는 일이었다. 경험적으로 "세 변이 3m, 4m, 5m인 삼각형은 직각이다."라는 것은 아주 오랜 옛날부터 알려져 있었던 듯하다. 그리고 피타고라스(와 동료들)는 다음과 같은 것을 발견했다.

직각삼각형의 빗변(직각과 마주 보는 변)의 길이의 제곱은

나머지 두 변의 제곱의 합과 같다. (2.2)

유명한 정리이지만, 이것이 측량의 세계에는 도움이 되지 않음을 알 것이다. 조금 자세히 말해보겠다. 피타고라스의 정리는

삼각형 중 한 각이 직각이라는 것을 알고 있다

이럴 때 결론이 도출되는 이야기다. 수식과 논리기호를 이용해서 말한다면 다음과 같다.

$$\angle A = 90° \;\Rightarrow\; BC^2 = AB^2 + AC^2 \qquad (2.2)$$

그러나 측량의 현장에서는

직각은 아직 만들어지지 않았다

이런 상태이고, 측량에 사용하려면

이제부터 직각을 만들고 싶다

이런 상황이다.

줄자 등을 사용하면 원하는 변의 길이로 삼각형을 만들 수 있다.

두 변의 길이의 제곱의 합이

다른 한 변의 제곱과 같다면 한 변은 직각이다   (2.3)

수식과 논리기호를 쓴다면 △ABC에서

$$BC^2 = AB^2 + AC^2 \quad \Rightarrow \quad \angle A = 90°\qquad (2.4)$$

이렇게 되는지 조사하고 싶다. (2.1)와 (2.3), 혹은 (2.2)와 (2.4)를 비교해보면 전제로 하는 것과 결론이 거꾸로 되어 있다. 이러한 관계를 '역'이라고 한다.

이때 다음이 중요하다.

일반적으로는 원래의 이야기(명제)가 항상 옳다(참이다)고 해도 '역'이 항상 옳다고 할 수는 없다.

예를 들어 다음을 역으로 생각해 보면 금방 이해가 간다.

$$\text{도요케이자이신보사는 주식회사다} \qquad (2.5)$$

그러면 명제의 '이'와 '대우'에 대해서도 이야기해보자. 위에서 말했듯이 명제는 기본적으로

$$P \Rightarrow Q \qquad (2.6)$$

이런 형태로 나타낼 수 있다. 이때 P를 전제(조건), Q를 결론이라고 하자. 이때 전제와 결론을 바꾼

이 명제는 기본적으로

$$Q \Rightarrow P \qquad (2.7)$$

이런 명제를 '역'이라고 한다.
또 다음과 같은 생각을 해보자.

$$\text{P가 아니다} \Rightarrow \text{Q가 아니다} \qquad (2.8)$$

이런 형태의 명제를 (2.6)의 '이'라고 한다. 그리고 '역의 이' 혹은 '이의 역'인

$$\text{Q가 아니다} \Rightarrow \text{P가 아니다} \qquad\qquad (2.9)$$

이것을 원래 명제의 '대우'라고 부른다. (2.5)의 대우는 어떤 의미에서 당연할지도 모른다. 실제로 다음과 같이 알려져 있다.

원래 명제의 진위와 그 대우의 진위는 항상 일치한다[2]

그런데 (2.5)의 '이'를 생각해 보자. 이것이 '항상 옳다'가 아님을 쉽게 알 수 있다. 제대로 되지 않는 경우가 하나라도 있다면 '항상 옳다'고 말할 수 없다.

이럴 때는 '옳지 못하다', '거짓이다'라고 말한다. 이런 표현이 감각적으로 익숙하지 않을지도 모르지만, 논리의 세계에서는 '거짓'으로 배제해버린다.

사회에서는 위에서든 아래에서든 예외인 경우를 가져와서 침소봉대한 주장을 하고, 심지어 거듭 화제를 바꿔치는 논의를 여기저기에서 볼 수 있다. 논의를 좋아하지 않는 친목집단에서는 그래도 될 것이다.

그러나 세계화라고 불리는 오늘날, 그러한 모호함은 비즈니스 세계에 어울리지 않는다. 애초에 고대 그리스에서 논리학이 발달한 이유는 지중해를 통해서 서쪽은 이베리아반도, 남쪽은 아프리카 대륙, 동쪽은 실크로드를 통해서 멀리 중국까지 널리 교역하는 가운데, 마음에 의존해 커뮤니케

---

2) '도요케이자이신보사는 회사 계간지를 발행한다'의 대우를 생각하면 사내에서는 특별한 의미를 느끼는 직원도 있겠지만, 여기에서는 철저히 논리로만 생각하고 싶다.

이션을 하기는 곤란했기 때문이다.

　이 책에서는 더 깊이 들어가지 않지만, 현대인은 이런 논리의 구조를 알아둘 필요가 있다.

도구로 이용하는 수학의 본질

도구로 이용하는
수학의 본질을 알자

야마모토

문제를 풀지 못해도 의미를 알고 싶다

수학이 헷갈릴 때 학생들의 머릿속에 가장 크게 떠오르는 의문은 '왜 이런 걸 배워야 해?'일 것이다. 물론 수학은 과학 기술 발전의 기초이며, 지금의 생활은 그 혜택을 받고 있음을 인식하고 있다. 하지만 그런 것은 충분히 알고 있을 뿐이다.

"왜 배워야 해요?"라는 질문에 어른이 "시험에 나오니까."라고 대답하면 '그럼 난 문과로 가면 돼'라고 마음먹게 되어 수학과의 인연은 끊어진다.

나는 이것이 너무나 안타깝다.문제를 풀지 못해도 의미를 알고 싶다

'왜 배우는가?'라는 의문은 '무슨 의미가 있는가?'라는 뜻이다. 어떤 도움이 되는지 알기 전에 '수학에 나오는 여러 가지 개념의 의미와 토대가 되는 사고를 알고 싶다'라는 것이 아닐까?

예를 들어 미분의 의미를 생각해 보자. 의미라는 것은 일반적으로 사전에 나와 있다. 미분이라는 항목을 가져오면 다음과 같다.

변수의 미소한 변화에 대응하는, 함수가 변화하는 비율의 극한(=미분계수)을 구하는 것. 그 함수의 변화량

이것으로 미분의 의미를 이해할 수 있다면 이야기는 간단하지만, 그렇

지 않을 것이다. 이는 어디까지나 용어의 정의다. 이 글을 쓴 사람은 역시 문과인 듯하다.

그게 아니라 미분의 의미를 수학자가 말해주었으면 한다. 공식을 말해달라는 것이 아니라 미분이면 미분, 로그라면 로그의 의미를 다시 한번 말로 듣고 싶은 것이 아닐까?

문과의 길을 걸었던 사람도 사회에 나온 후에 수학을 알고 싶어 하는 경우가 많다. 하지만 모두 '문제 풀기'를 목표로 하는 것은 아니다. 수열이나 벡터처럼 어렴풋이 기억나는 것들의 진정한 의미를 알고 싶은 것이다.

수열은 숫자가 나열되어 있다. 수가 늘어나거나 줄어드는 것은 함수에서도 배운다. 굳이 수열로 생각하는 것은 어떤 의미가 있을까?

로그는 지수와 반대되는 관계라고 쓰여 있다. 그럼 보통의 수를 로그로 하면 세상에 어떤 것을 알 수 있을까?

벡터는 화살표로 나타낸다. 그러나 그것은 숫자로 내적을 계산한다. 이것은 숫자인가, 도형인가?

확률은 확실함이라고 배운다. 그렇다면 '성공 확률 10%'의 행동은 무모한 것일까? 아니면 용기 있는 행위일까?

학교에서 공부할 때 이런 의문을 해결할 기회는 별로 없다. 그렇다기보다 애초에 배우는 쪽이 그런 의문을 제시할 기회도 없고, 물어보려고 하지 않았던 사람도 많을 것이다.

하지만 사회에 나가서 일을 하다 보면 여러 가지 현상의 뒤에 수학적인 논리가 있음을 알게 된다. 그렇게 되면 단지 수학의 해법을 찾느라 고민하는 것은 일단 미뤄두고, 수학에서 배운 내용의 원래 의미를 알고 싶어지지 않는가?

뜻을 안다는 것은 천천히 음미하는 일

우리는 일을 하면서 여러 가지 물음이 떠오른다.

가게의 넓이는 한정되어 있는데, 어떤 상품을 얼마나 진열해야 할까?

사람을 평가할 때 어떤 항목이 필요할까?

매년 같은 성장을 전제로 매출 목표를 정하는 것은 합리적일까?

또 생활을 하면서도 여러모로 생각한다.

대출을 받으려면 어떤 방법이 좋을까? 카드 할부는 이득일까?

얇은 파스타면과 굵은 파스타면이 있다면 각각 어떤 소스가 어울릴까?

강수 확률 50%일 때 우산을 가지고 나가면 비가 오지 않아서 우산을 어디에 놓고 올 확률이 높지 않을까?

이런 일상의 다양한 현상의 뒤에도 수학적 사고가 요구된다. 내 생각에 우산은 작게 접히는 것을 가지고 나가면 좋을 것 같다.

어쨌든 '만약 수학을 알면 더 확실하게 생각할 수 있는데'라고 느낄 기회가 많을 것이다. 물론 완전한 해답을 구할 수는 없다. 그러나 수학적으로 사고할 수 있으면 매일 하는 업무와 생활의 앞이 밝아지고, 어려움이 있어도 냉정하게 대처할 수 있다.

제2부에서는 우리가 예전에 배운 수학의 다양한 영역에 대해 설명하겠다. 이는 도구로 이용하는 수학의 본질을 알고자 하는 시도다.

각 영역은 우선 내가 다시 교과서를 읽고, 정의를 확인했다. 그리고 '실제 비즈니스와 생활에서 어느 때 수학이 얼굴을 내미는가?'라는 시점에서 그 의미를 생각해 보았다.

소부카와는 수학자의 눈으로 다양한 수학적 사고의 본질을 밝혔다. 단순히 공식을 이야기하는 것이 아니다. 수식의 배경에 있는 의미를 가능한 한 말로 설명하고자 했다.

각각의 의미를 천천히 음미하기 바란다. 의미를 안다는 것은 하나의 답을 구하는 것과는 조금 다르다. 하나의 말에 여러 의미가 있듯이 수학의 배경에도 여러 가지 의미가 있다.

하나의 정리나 공식을 어떻게 파악하는지에 대한 설명도 다양하지만, 꼭 그 의미를 맛보기 바란다. 단순히 암기하는 것은 맛보지 않고 삼키는 것과 같다. 그러면 배만 부를 뿐 수학적 사고의 본질은 알 수 없다.

맛을 보면 '의외로 단맛이 났다', '역시 맛이 쓰다'라는 식으로 사람에 따라 다양하게 느낄 것이다. 숫자와 기호의 나열 뒤에 있는 의미를 맛보는 것은 분명 우리의 사고를 풍부하게 해준다.

수학적으로 말하기·쓰기의 첫걸음

제2부에서는 기본적으로 의미를 알지 못해서 알쏭달쏭한 것이 무엇인지 지적을 받아 그것의 본질이 무엇인지 해명하고자 한다.

수학의 본질을 이야기하고자 할 때는 보통 사람들이 일상적으로 읽거나 쓰거나 이야기하거나 듣는 말로 보면 조금 다른 표현이 보인다. 그 큰 특징이 수식이나 도표다. 그런데 수식이나 도표에 익숙해지지 않는다는 것이 수학을 이해하기 어려운 이유에서 큰 부분을 차지하고 있다.

소부카와는 학생을 지도해온 경험에서 수식이나 도표를 포함한 문장을 소리 내어 읽게 하는 것이 중요하다고 생각하고 있다. 그런데 세세한 수식이나 심지어 도표를 소리 내어 읽는 것은 번잡하고, 의미를 알 수 없게 되거나 더 싫어지기도 한다.

그래서 수식이나 도표는 한데 묶어서 "이것저것"이나 "이래저래"라고 읽게 한다. 조금 특이한 방법이라고 생각할 수도 있는데, 일부러 수식이나 도표 부분을 건너뛰어서 읽고, 전체 문장의 구조를 파악하는 것을 제일로 하고 있다. 이것이 수학적으로 말하기·쓰기의 첫걸음이다.

앞으로 나오는 문장에서는 글 안에도 도표나 수식을 그대로 집어넣은 것처럼 써 놓은 경우가 많다. 그럴 때는 일단은 "이것저것"이라고 마음속으로 읽어보자.

극단적으로 말해 수식이나 도표 부분은 건너뛰고, 전체 문장의 구조를 파악하는 것을 제일로 하기 바란다. 이것이 바로 수학적으로 말하기·쓰기로 이어진다. 그리고 이 책 자체를 수학적으로 쓴 하나의 예시로 보자. 읽기 어렵다고 느껴지면 '이것저것, 이래저래'라고 읽는 방법을 사용해보자.

익숙해지면 편안해지고, 자연스럽게 수학적으로 사고하는 계기가 될 것이다.

제
3
장 수열

수가 나열되어 있으면 수열일까?

야마모토

금리 계산, 대출 계산처럼 생활과 관련된 수학

수학을 배우다가 좌절한 기억이 있는 사람이 많을 것이다. 교재는 단계적으로 이해할 수 있도록 만들어졌지만 어느 순간 벽을 느끼기도 한다.

그중에서 수열은 결코 시작으로 나쁘지 않다. 먼저 고등학교 교과서에서 배운 내용을 다시 한번 보면서 수열을 어떻게 배웠는지 떠올려보자. 현재는 수학B(한국은 수학1에 나온다-역주)에 등장한다.

수열은 숫자가 나열되는 규칙을 생각하는 것이다. 그래서 교과서에서 퀴즈처럼 다루기도 한다.

$$1, 4, 7, 10, 13, 16, \cdots$$

이렇게 나열된다면 다음에는 19가 답 아닐까? 이것은 초등학생도 알 것이다. 이것에 '등차수열'이라는 이름이 있다는 것은 고등학교에서 알게 된다.

이렇게 '보면 알 수 있는' 내용이라도 전문적인 수학 용어로 표현되어 있기 때문에 사람에 따라 호불호로 나뉘는 갈림길일 수 있다.

고등학교 수열에서는 등차수열에 이어 등비수열을 배운다.

$$2, 6, 18, 54, 162, \cdots$$

2부터 시작해서 잇달아 3을 곱한다. 그러면 다음 숫자는 486이 된다. 핸드폰의 계산기 앱이라면 '2×3='을 누르고 그다음 =를 계속 누르면 나오는 숫자다. 이 수열은 '초항2, 공비 3의 등비수열'이 된다.

그러면 수열의 사고방식은 생활이나 비즈니스에 어떻게 응용될까? 이에 대해서는 매우 친숙한 예가 있다. 바로 금리 계산이다.

현재 사용되는 고교 교과서에도 '이자와 등비수열'의 이야기가 나온다. 무엇보다 현재의 저금리 상황에서는 아무리 복리로 계산해도 이자가 무척 적기 때문에 허무하다. 차라리 주택담보대출의 금리와 상환액을 시뮬레이션하는 편이 현실적 문제일 수 있다.

이런 수열의 사고방식은 투자의 의사결정에도 응용된다. 투자 금액이 타당한지 아닌지 판단하기 위해 사용되는 NPV(순현재가치)를 산출하기 위해서도 수열의 사고는 필수다. 재무 계열을 공부할 때 교재의 설명에 나오는 수식이 수열에서 유래한 것을 눈치챈 사람도 있을 것이다.

이런 경우는 나중에 살펴보겠지만, 실제로 주택담보대출의 금리를 계산하는 데 수열의 공식을 사용하는 사람은 없을 것이다. 요즘은 인터넷에서 필요한 정보를 넣으면 상환액을 바로 시뮬레이션할 수 있다. 또 투자에 대해서도 엑셀 등의 소프트웨어로 계산할 수 있다.

다만 그 근간이 되는 수열의 사고를 파악해두어야 한다. 이미 공무원 시험이나 금융계 자격증 시험을 치르는 사람들은 배우고 있을 것이다. 그리고 수열의 사고를 이해하면 가계 관리도 비즈니스도 훨씬 선명하게 예측할 수 있다. 또 사회 현상을 해석하는 데에도 수열적인 발상은 매우 중요

하다.[1]

딱딱한 Σ를 보면 불편하다

그런 상황을 바탕으로 한 번 더 수열을 살펴보면 조금 신경 쓰이는 것
이 있다.

우선 퀴즈처럼 잔잔하게 시작되었지만, 당연히 수열은 그리 쉽지 않다.
좋든 싫든 수학다워지는 건 이런 식이 나왔을 때다.

$$\sum_{k=1}^{n} a_k = a_1 + a_2 + a_3 + \cdots + a_n$$

Σ는 시그마다. 위의 식에서는 첫 번째 항부터 n번째 항까지를 더한 총
합을 나타낸다.

재무 텍스트에도 갑자기 Σ를 이용한 수식이 나오기도 한다. 수학이 불
편한 사람은 이 수식만 봐도 기분이 나빠질 것이다.

물론 Σ의 등장에는 필연성이 있다. 수열의 합을 일일이 더해 계산하면
산수 이야기가 된다. 그저 수열의 본질적인 이야기를 제대로 이해하지 못
한 채 공식을 외운다면 기계적으로 문제를 푸는 것처럼 느껴진다. 그러면
어른이 되어 다시 Σ를 보면 진저리가 나지 않겠는가?

그 후 '점화식', '수학적 귀납법'으로 이어지는데, 이렇게 되면 이번 장의
첫머리에 나온 퀴즈 같은 귀여운 느낌은 사라지고 만다.

Σ가 나오는 부분의 구조가 조금만 더 드러나면 수열을 배우는 의미도

---

1) 다음 절 이후에 다양한 사례가 나온다.

알게 될 것이다.

수열은 함수의 일종인가?

이를 토대로 수열을 한 번 더 살펴보면, 궁금해지는 부분이 있다. 사실 교과서에는 수열의 예로 다음과 같은 것도 들고 있다.

$$31, 28, 31, 30, 31, 30, 31, 31, 30, 31, 30, 31$$

이는 1월부터 12월까지의 일수(윤년이 아님)를 나열한 것이다. 즉 뭐든지 상관없이 숫자가 순서대로 나열되어 있는 것은 수열이지만, 실제로 다루는 것은 등차수열이나 등비수열처럼 규칙적인 수열이 중심이 된다.

교과서에 '여러 가지 수열'이라는 항목도 나오지만 조금만 생각해 보면 세상의 수열이 그렇게 규칙적인 것만은 아니다.

인플루엔자 감염자수 예측을 보면 어떤 수열이 있는 것처럼 보이지만, 자연 세계에서 관측된 데이터 등은 상당히 다양하지 않는가? 그러고 보면 수열은 상당히 심오한 부분이 있다.

또 수열에 대해 살펴보면 지극히 소박한 의문이 생겨난다.

'애초에 수열은 함수의 일종이 아닐까?'

함수 자체는 중학교 1학년에 배운다. 두 개의 변수 x와 y가 있고 x의 값을 정하면 그에 대응하는 y의 값이 단 하나 정해지는 것을 함수라고 정의한다. 그러면 수열의 항에 대응하는 값은 하나로 정해져 있으므로 예를 들어 등차수열은 1차 함수와 매우 비슷해진다.

그렇다면 왜 함수가 아니라 수열로 배울까?

함수는 x의 값이 연속적으로 변화한다. 반면 수열은 띄엄띄엄 존재한다. 따라서 등차수열을 무리하게 그래프화하면 점이 드문드문 찍힐 뿐이다.

그러나 함수는 상당히 넓은 개념이라서 수열도 그 일종이라고 생각되며, 그런 구조를 아는 편이 수학을 이해하기에 더 좋을 것이다. 비전문가적인 발상이기에 이런 부분이 신경 쓰인다.

계산법이 아니라 의미를 이해한다

생각해 보면 수열의 뿌리 부분이나 전체 모습을 잘 모른 채 지금에 이른 것이 아닌가 싶다.

금리와 투자의 계산은 엑셀을 사용하면 그 자체는 손쉽게 할 수 있다. 다만 그 배경에 있는 수열의 사고를 다시 한번 제대로 이해하면 '수학적으로 말하기'가 가능할 것이다.

그러니 수열에서 알쏭달쏭한 점을 정리해보자.

- 수열은 무엇이든 상관없는가?

등차수열이나 등비수열이 아니어도 수열이라는 것은 교과서로도 다시 확인했다. 그렇다면 '아무렇게나 나열된 수'가 있다면 그런 수열을 계산하는 일은 어느 때 필요할까?

- 수열은 함수인가?

"하나의 값을 정하면 다른 하나가 정해진다."라는 단순한 발상으로 생각하면 수열도 함수라고 생각된다. 그러면 왜 굳이 수열로 생각하는가? 그 이점은 무엇일까? 그것은 수학 전체의 구조를 아는 일로도 이어지는 것이 아닐까?

– Σ가 나올 즈음에서 버겁게 느껴지는 것은 착각인가?

수열은 배우기 시작했을 때는 개념을 받아들이기 쉽지만, 도중에 추상도가 확 높아지는 것처럼 느껴진다. 그것은 배우는 사람의 이해력의 문제일까? 아니면 가르치는 방법에 따라 달라질까? 재무 관련 텍스트에도 $\Sigma=$라는 식은 흔히 볼 수 있다. 그럴 때 알레르기에 걸리지 않도록 다시 한번 터득하려면 어떻게 해야 할까?

이런 궁금증에 대해 정리해보자.

수가 나열되어 있으면
수열일까?

소부카와

규칙이 있든 없든 수의 열은 수열

수열이란 말 그대로 수의 열이다.

(1) 1, 2, 3, 4, 5, 6, 7, 8, 9, 10, 11

(2) 10, $\dfrac{2}{9}$, 57, -2.4, $\sqrt{3}$, 327, $\dfrac{355}{113}$, 81

(3) 29, -27, 25, -23, 21, -19, 17, -15

이렇게 어디선가 끝날 수도 있고, 끝없이 이어질 수도 있다.

(4) 2, 5, 8, 11, 14, 17, 20, 23, 26, 29, 32,…

(5) 3, 1, 4, 1, 5, 9, 2, 6, 5, 3, 5, 8, 9, 7, 9,…

(6) 2, 4, 8, 16, 32, 64, 128, 256,…

(7) 27, 18, 28, 18, 28, 45, 90, 45, 23, 53,…

이런 예를 보고 뭔지 알겠는가? 단순히 수가 나열되어 있을 뿐만 아니라 어떤 규칙에 따라 줄지어 있지 않은가?

수가 나열되어 있으면 어떤 것이든 수열이라고 한다. 위의 예에서 규칙성, 쉽게 말해 나열된 방식을 알 수 있는 항목이 있다. (1), (3), (4), (6)은 나열된 방식을 눈치챈 사람이 많을 것이다.

(5)는 어떨까?[2] (7)의 방법은 상당히 생소하지만, 사실 확실한 방식으로 나열되어 있다.[3] 그러면 (2)는 어떨까? 매우 어려운 문제인 듯하다. 참고로 81 다음은 -3005이다.

또 하나 어려운 문제를 보자. 이런 수열이다.

1475, 859, 907, 898, 728, 859, 1302, 1407,

1547, 1518, 1817, 1494, 1721, 1804

이것만 보고 아는 사람은 별로 없을 텐데 해답은 잠시 뒤로 미루고, 수열 기호를 이용해서 나타내보겠다. 이 열 전체를 T라는 문자로 나타내겠다. 왜 T인지는 상상에 맡긴다.[4] 또한 이것을 다음과 같이 나타내기로 한다.

처음 수는 1 번째이므로 T_1 　　　즉 $T_1 = 1475$

다음은 2 번째이므로 T_2 　　　즉 $T_2 = 859$

다음은 3 번째이므로 T_3 　　　즉 $T_3 = 907$

다음은 4 번째이므로 T_4 　　　즉 $T_4 = 898$

$$\vdots$$

마지막 수는 14 번째이므로 T_{14} 　　　즉 $T_{14} = 1804$

15번째가 있다면 T15, 16번째는 T16이라고 써야 하는데, 그러면 끝이 없다. 훨씬 뒤의 번호도 생각하고 싶으니 평판은 나쁘지만 수학의 방식을 이용해 n번째를 Tn이라고 쓰기로 하자.[5]

그런데 수열의 나열하는 방식을 '왠지 모르겠지만 이런 느낌'으로 아는 것은 매우 중요하지만, 그 감각은 다른 사람에게 간단하게 전할 수 없다. 그래서 세계 공통으로 사용하는 언어인 수식으로 이것을 나타낸다.

$$T_n = n의 \ 식$$

이렇게 쓰는 것이다.

다만 한 가지 중요한 조언을 해두겠다. Tn을 모든 n에 대해 성립하도록 n의 식으로 나타낼 수 있다면 절대로 다른 사람에게 알려주면 안 된다. 만약 여러분이 혼자 그것을 안다면 막대한 부를 축적할 수 있다. 그것을 독차지하기 위해 이 문제는 일단 놔두고 먼저 든 예를 생각해 보자.

(4)의 수열을 a1, a2, a3, …이라고 쓰도록 하겠다. 처음 2에서 3씩 늘고 있다.[6]

$$a_1 = 2, \ a_2 = 5 = 2 + 3, \ a_3 = 8 = 5 + 3 = (2 + 3) + 3 = 2 + 3 \times 2,$$
$$a_4 = 11 = 8 + 3 = 2 + 3 \times 3, \ a_5 = 14 = 2 + 3 \times 4, \ \cdots$$

이 규칙이 계속 이어지기 때문에

$$a_n = 2 + 3(n - 1) = 3n - 1$$

이라고 나타낼 수 있음을 알겠는가?

---

2) 원주율에 나타나는 숫자들을 처음부터 순서대로 나열했다.
3) 네이피어의 수(자연로그의 밑e)에 나타나는 숫자를 처음부터 순서대로 두 개씩 나열해 만든 두 자릿수.
4) 필자의 약자일 수도 있다.
5) 이렇게 나열되어 있는 수를 수열의 항이라고 부른다. n번째 항, 제n항을 일반항이라고 부르기도 한다.
6) 이때 늘어나는 양을 공차라고 부른다. 그리고 이 수열은 '공차가 3, 초항이 2인 등차수열'이라고 한다.

마찬가지로 (6)의 수열을 b1, b2, b3, …이라고 쓰면

$$b_1 = 2, \quad b_2 = 4 = 2^2, \quad b_3 = 8 = 2^3, \quad b_4 = 16 = 2^4, \quad b_5 = 32 = 2^5, \quad \cdots$$

이렇게 이어지기 때문에

$$b_n = 2^n$$

이라고 나타낼 수 있다. (3)의 수열은 알 것도 같지만, 어려울 수도 있다. 이것을 c1, c2, c3, …이라고 나타낸다면

$$c_n = (-1)^{n-1}(31 - 2n)$$

이렇게 된다. 이렇게 쓰면 '어떻게 바로 풀었지?', '푸는 방법이 뭐지?'라고 생각하는 사람이 많을 텐데, 그것은 관련 해설서를 보거나 잘하는 사람에게 물어보도록 하자. 오히려 '수열이란 무엇인가?', '무엇을 의미하는가?'를 생각하는 편이 이 책이 목표로 하는 '사용하기 위한' 지름길이다.

그러기 위해서라도 이 식에서 n으로 1, 2, 3, …을 순서대로 대입해서 계산하고, 실제로 맞는지 확인해주기 바란다. 이렇게 하나씩 계산하면 확실히 이해할 수 있다. 구체적으로 수열의 값을 계산하면서 뭔가 깨달은 바가 없는가?

n을 정하면 그에 대응하여 수열의 값이 정해진다

사실 이 사실은 매우 중요한 의미가 있다. 바꿔 말하자면 다음과 같다.

함수라고 하면 식을 말한다고 생각하기 쉬운데, 식으로 명확하게 나타내지 않더라도 값이 확실하게 정해지면 함수라고 한다. 예를 들어 앞의 예시 (5)나 (7)에서도 n(몇 번째인가)이 정해지면 값이 정해지기 때문에 함수라고 할 수 있다.

Σ는 사실 매우 간단하다

수열의 관계에서 또 하나의 문제가 되는 것은 다음 기호다.

$$\sum_{k=1}^{8} 243\left(\frac{2}{3}\right)^k - 6k$$

보기만 해도 기분이 언짢아지는 사람도 많을 것이다.[7] 하지만 사실 매우 간단하다. 이 수식에 담긴 의미를 제대로 설명하겠다.

수열 $x_k = 243\left(\frac{2}{3}\right)^k - 6$를 k=1, 2, 3, 4, 5, 6, 7, 8이라고 나열해서 전부 더한다.

좀 더 알기 쉽게 말하자면 $x_k = 243\left(\frac{2}{3}\right)^k - 6k$라고 정해진 수열 xk에 대해

$$x_1 + x_2 + x_3 + x_4 + x_5 + x_6 + x_7 + x_8$$을 계산하라

이런 말이다. x_k라는 표현은 알기 어려우므로 구체적으로 써보자.

$$x_1 = 243\left(\frac{2}{3}\right)^1 - 6 \cdot 1 = 162 - 6 = 156$$

$$x_2 = 243\left(\frac{2}{3}\right)^2 - 6 \cdot 2 = 108 - 12 = 96$$

$$x_3 = 243\left(\frac{2}{3}\right)^3 - 6 \cdot 3 = 72 - 18 = 54$$

$$x_4 = 243\left(\frac{2}{3}\right)^4 - 6 \cdot 4 = 48 - 24 = 24$$

$$x_5 = 243\left(\frac{2}{3}\right)^5 - 6 \cdot 5 = 32 - 30 = 2$$

$$x_6 = 243\left(\frac{2}{3}\right)^6 - 6 \cdot 6 = \frac{64}{3} - 36 = -\frac{44}{3}$$

$$x_7 = 243\left(\frac{2}{3}\right)^7 - 6 \cdot 7 = \frac{128}{9} - 42 = -\frac{250}{9}$$

$$x_8 = 243\left(\frac{2}{3}\right)^8 - 6 \cdot 8 = \frac{256}{27} - 48 = -\frac{1040}{27}$$

즉 다음과 같다.[8]

$$\sum_{k=1}^{8} 243\left(\frac{2}{3}\right)^k - 6k = 156 + 96 + 54 + 24 + 2 - \frac{44}{3} - \frac{250}{9} - \frac{1040}{27}$$

마지막으로 앞서 말한 Tn이 무엇인지 알려주겠다.

도쿄 증권거래소에서 2007년부터 2020년까지 한 해의 마지막 입회 주가지수(TOPIX)다. 공간의 형편상 소수점 이하는 잘라냈다. $T1$이 2007년

---

7   이것이 알기 어려운 것은 의미를 잘 모르는데 곧바로 풀이 방법, 공식 이야기를 하기 때문이다.

8   여기에서 계산하는 것을 생각해서는 안 된다. 그것은 컴퓨터에 맡기기로 하고, 우리는 식에 담긴 의미를 생각하자.

말이고, *T2*가 2008년 말이다.

만약 이 수열의 법칙을 알았다면 내년의 마지막 TOPIX를 알게 되므로 큰 이득을 볼 수 있을 것이다.

응용

수열로 금리와 대출의 구조를 이해한다

야마모토

대표적인 응용 예시 금리

수열의 '알쏭달쏭'한 점을 되짚어보고, '본모습'을 다시 배웠다. 그런데 수열은 우리의 생활에 어떻게 관련되어 왔을까?

이 책에서는 현재의 업무나 일상생활 속에 수학이 어떻게 관련되어 있는 지를 밝히려고 한다. 그래서 먼저 수열에 대한 실천 예를 생각해 보고 싶은 데, 확실하다고 할 수 있는 사례가 있다. 바로 금리다.

누가 생각했는지는 차치하고, 사람들이 살아가는 데 금리는 떼놓을 수 없다. 수열이 금리와 밀접하게 관련되어 있다는 것은 고등학교 수학 교과 서에도 나온다.

살펴볼 것은 복리의 사례다.

실제 교과서에 나온 예를 살펴보자.

10만 원을 연리 2%로 예금했다고 하자. 복리이기 때문에 1년 후의 금액이 원금이 되고, 거기에 2%의 금리가 붙는다.

1년 후 $100000 \times (1+0.02)=100000 \times 1.02=102000$

2년 후 $100000 \times (1+0.02)^2=100000 \times 1.02^2=104040$

25년 후 $100000 \times (1+0.02)^{25}=100000 \times 1.02^{25} \fallingdotseq 164100$

게다가 매년 초에 10만 원을 넣으면 어떻게 될까? 복리로 2%인 경우 25년이면 어떻게 될까? 다음과 같은 계산으로 얻은 답은 326만 원이다. 원금이 250만원이기 때문에 복리의 고마움을 알 수 있지만, 안타깝게도 이런 금리는 당분간 바랄 수 없을 것이다.

$$\frac{(100000 \times 1.02) \times (1.02^{25}-1)}{1.02-1} \fallingdotseq \frac{102000 \times 0.641}{0.02}=3269100$$

어쨌든 교과서의 설명은 이상과 같이 간단하다. 이는 다음과 같이 나타낼 수 있다.

[도표 3-1] 금액 a원을 연이율 r로 예금하면 어떻게 되는가?

	원금	이자	원리합계[=원금+이자]
1년 후	a	$a \times r$	$a(1+r)$ $[=a+ar]$
2년 후	$a(1+r)$	$a(1+r) \times r$	$a(1+r)^2$
3년 후	$a(1+r)^2$	$a(1+r)^2 \times r$	$a(1+r)^3$

연이율 2%라면 1+r, 즉 1.02의 제곱, 3제곱이 원금에 붙는다. 그리고 25

년이면 25제곱이 된다. 바로 등비수열의 세계다.

개인적으로 생각해 보니 이런 사례들이 교과서에 실렸는지는 기억나지 않지만, 고등학교 수업 시간에 선생님이 응용 예시로 이야기했던 기억은 난다.

다만 앞서 언급했듯이 현재 예금 상품에서 이러한 숫자가 되는 것은 현실적이지 않다. 그래서인지 요즘 교과서를 몇 권 살펴보면 역시 예금 이야기뿐 아니라, 주택담보대출에 관한 내용도 쓰여 있다. 이 책을 읽는 독자도 미미한 예금 이자보다는 대출금의 상환 계획에 관심이 있지 않을까?

그렇다면 대출 상환에 대해 수열의 관점으로 살펴보자.

주택담보대출은 어떻게 줄어드는가?

예금과 마찬가지로 주택담보대출 또한 복리다.

만약 연3%의 이율로 3,000만 원을 차입했다고 하자. 전혀 갚지 않으면 1년 후에는 3,090만 원이 된다. 그대로 1년 방치하면 3,090만 원에 이자가 더 붙게 되므로

$$30900000 \times 1.03 = 31827000$$

이런 식으로 점점 증가한다.

즉 n년 후의 원리합계는 다음과 같다.

$$30000000 \times (1.03)^n 원$$

예제에는 "30년 후에는 어떻게 될까?"라고 쓰여 있는데 이것을 계산하면 7,280만 정도다.

금리가 더 낮아서 만약 1%라고 해도 총 상환액은 4,043만 원이다.

다만 실제로 상환해나갈 때는 어떻게 줄여 갈까? 여기에서는 다음과 같은 조건으로 숫자를 살펴보도록 하겠다.

- 차입금은 1,000만 원
- 금리는 3%
- 매달 균등하게 10만 원씩 상환
- 상환방식은 원리균등

이것은 엑셀로 볼 수 있다. 일단 2년간 꾸준히 갚으면 어떻게 되는지 도표 3-2에 계산해서 나타내 보았다. 실제로 대출을 받았다면 비슷한 표를 본 적이 있을 것이다.

[도표 3-2] 상환 예정을 계산한다

◢	A	B	C	D	E
1	연리3%	매월 10만 원 상환			
2		그 사이의 이자	상환액	원금 상황 분	원리합계
3	차입 시				10,000,000
4	첫 회 상환	25,000	100,000	75,000	9,925,000
5	2개월 후	24,813	100,000	75,188	9,849,813
6	3	24,625	100,000	75,375	9,774,437
7	4	24,436	100,000	75,564	9,698,873
8	5	24,247	100,000	75,753	9,623,120
9	6	24,058	100,000	75,942	9,547,178
10	7	23,868	100,000	76,132	9,471,046
11	8	23,678	100,000	76,322	9,394,724
12	9	23,487	100,000	76,513	9,318,210
13	10	23,296	100,000	76,704	9,241,506

14	11	23,104	100,000	76,896	9,164,610
15	12	22,912	100,000	77,088	9,087,521
16	13	22,719	100,000	77,281	9,010,240
17	14	22,526	100,000	77,474	8,932,766
18	15	22,332	100,000	77,668	8,855,098
19	16	22,138	100,000	77,862	8,777,235
20	17	21,943	100,000	78,057	8,699,178
21	18	21,748	100,000	78,252	8,620,926
22	19	21,552	100,000	78,448	8,542,479
23	20	21,356	100,000	78,644	8,463,835
24	21	21,160	100,000	78,840	8,384,994
25	22	20,962	100,000	79,038	8,305,957
26	23	20,765	100,000	79,235	8,226,722
27	24	20,567	100,000	79,433	8,147,289
28					

이는 은행 등의 금융기관에서 보내는 상환 예정표와 같다. 이것을 엑셀에서는 어떻게 계산하고 있을까?

우선 연리 3%라는 것은 월별로 $\frac{1}{12}$ 의 이자가 붙는다고 생각한다. 즉 $\frac{0.03}{12}=0.0025$ 를 원금에 곱하면, 상환 1개월째의 이자를 알 수 있다.

이 엑셀에서는 B4의 셀에 '=E3*0.0025'라고 넣는다. 금액은 2만 5,000원이다. 매월 상환액은 10만 원이므로 원금 상환액은 그 차액인 7만 5,000원이며 D4의 셀은 'C4-B4'다.

다음 달에는 2개월째의 잔고인 E4의 셀 값의 0.25%가 된다. 분모가 줄어들고 있기 때문에 당연히 이자 지불도 감소하고, 그만큼 원금 상환분이 약간 증가했다.

3개월째 이후도 살펴보자. 이렇게 가면 매월 이자가 점점 감소하는 것을 알 수 있다.

수열의 식은 이렇게 엑셀에서 계산하면 실제 움직임을 명쾌하게 알 수 있다. 또 대출금을 갚을 때 처음에는 이자만 갚는 것도 이해할 수 있을 것이다. 그렇게 되면 조기상환의 의미도 알기 쉬워진다.

대출을 상환하기 시작하고 1년이 지났을 때 100만 원을 추가로 갚았다고 하자. 13개월째의 상환액은 110만 원이다.

그러면 잔고가 크게 감소하기 때문에 다음 달 이후의 이자도 감소할 것이다.

[도표 3-3] 조기상환의 영향

11	23,104	100,000	76,896	9,164,610
12	22,912	100,000	77,088	9,087,521
13	22,719	1,100,000	1,077,281	8,010,240
14	20,026	100,000	79,974	7,930,266
15	19.826	100.000	80.174	7.850.091

일반적으로 매월 10만 원씩 상환했을 때 24개월 후의 잔고는 814만 7,289원이지만, 100만 원을 더했을 때 같은 시기의 잔고는 711만 9,442원이고, 그 차이는 102만 7,847원이다. 100만 원을 조기에 갚으면 잔고는 그 이상으로 감소하는 것을 알 수 있다.

이렇게 엑셀에서 상환의 흐름을 살펴보면 수열과 금리 계산의 관계가 보인다.

[제3장 정리] 수열로 말하기·쓰기

- 수열은 문자 그대로 '수의 열'이며 나열하는 방식에 제약은 없다.

- 다만 일정하고 규칙적인 수열이라면 그 변화를 예측할 수 있다.

- 학교에서 배우는 등차수열, 등비수열은 대표적으로 규칙적인 수열이며, 다양한 수열 중에서 규칙적이고 도움이 되는 것이라고 할 수 있다.

- 그래서 시계열에 의해 변화하는 수치를 파악할 때 활용된다.

- 수열을 생각할 때는 우선 숫자를 나란히 써 보는 것이 중요하다. 특히 Σ가 나와도 손을 움직인다. 끝이 없다는 것을 실감하면 Σ의 의미를 알 수 있다.

- Σ는 끝이 없는 것을 일단 가둬놓기 위해 쓰는 도구로, 몇 번째 숫자까지 더하면 어떻게 되는지 알기 위한 것이다. 그 개념을 알고 나머지는 표계산 소프트웨어에 맡기면 실용적으로는 충분하다.

- 세상에는 무수한 수열이 있고 그것을 해석해서 여러 과학 분야에 응용하고 있다. 방대한 데이터를 상대로 격투를 벌이는 연구는 제멋대로 날뛰는 숫자를 길들여 가는 과정이라고도 말할 수 있다.

- 그에 비하면 등차수열이나 등비수열은 길들여진 예의 바른 수열이라고 생각해도 된다. 배신하는 일 없이 미래를 가르쳐주는 존재다.

제
4
장

로
그

그래프의 세로축을
로그로 나타냈다고?

야마모토

로그로 생각한다는 말이 자주 들린다

고등학교 때까지 배운 수학은 그 이후 이과계열 학부라도 진학하지 않는 한 어렴풋한 기억으로 남는 경우가 많다. 그중에서 로그는 log라는 기호와 함께 기억될 것이다.

단 이것 역시 어딘가 흐릿한 부분이 있다. 보통 그래프를 그릴 때는 1, 2, 3, 4……처럼 수치 눈금의 간격이 같은 값으로 표현되는데, 로그는 수치 눈금의 간격이 1, 10, 100……라는 식으로 표현된다는 이미지가 있다.

그런데 최근 업무 현장에서 로그로 사고할 기회가 새삼 많아지는 추세다. 그것은 비즈니스 세계에서 데이터를 분석해 전략에 반영시키는 일이 증가해온 것과 관계가 있다.

회사에서 디지털화가 진행되면서 다양한 데이터를 가시화하려는 움직임이 일고 있다. 그렇게 되면 당연히 대상이 되는 데이터 분량도 늘어난다.

다만 관련 업무를 하는 사람이 모두 숫자에 능할 리는 없다. 데이터 분석을 잘하는 사람이라도 자료를 작성해서 설명할 때 고개를 갸웃하고 멈추고 싶어지는 일도 많지 않은가?

요즘 종종 '불쑥 로그 이야기가 나왔다'라는 말을 듣는다. 일반적인 그래프라고 생각하면서 자료를 보고 있는데, "y축은 로그로 나타냈습니다."라는 말을 들었다는 식이다.

한동안 수학과 거리를 두고 살았기에 예고 없이 그런 말을 들으면 이해하기까지 시간이 꽤 걸린다.

"이해한 것 같은데도 뭔가 개운하지 않다."

이런 말도 자주 언급된다. 그렇다면 로그 사고가 어떤 곳에서 사용되고 있는지 사례를 생각하기 전에 애초에 로그를 어떻게 배워 왔는지 떠올려 보자.

지수와 로그는 정반대의 관계이지만

로그는 현재 기준으로 고등학교 수학Ⅱ(한국에서는 수학Ⅰ에서 배운다- 역주)에서 배운다. 그리고 장의 제목은 '지수함수 로그함수'라고 쓰여 있다.

즉 먼저 지수를 배우고, 그다음 로그로 가는 순서다.

지수함수의 내용은 비교적 친숙할 것이다.

$$a^m \times a^n = a^{m+n}$$

이런 식을 봤을 때 일단은 자연스럽게 이해가 되지 않는가?

가령 a=2이고, m은 3, n은 4라고 하자. 8×16=128이 2의 7제곱인 사실에 위화감은 느껴지지 않는다.

사람에 따라 차이는 있겠지만 지수함수는 별로 두렵지 않다. 굳이 말한다면 $a^0 = 1$이라는 식을 봤을 때 물음표가 떠오르는 정도일 것이다. 하지만 그것도 조금 손을 움직이면 곧바로 증명할 수 있다.

로그는 지수를 반대로 생각하면 된다. 그러나 머리에 쏙 들어오는 느낌은 아니다. 대체 왜 그럴까?

log의 식은 무엇을 나타내는 것일까?

지수를 대강 배운 뒤 로그의 정의는 간단하다.

$$M=a^p \Leftrightarrow \log_a M = P$$

$\log_a M$은 "a를 밑으로 하는 M의 로그라고 하고, M을 이 로그의 진수라고 한다."라고 교과서에 쓰여 있다. log라는 모르는 문자 나열에 덧붙여 밑이나 진수라고 하는 말도 나온다. 지수의 식처럼 직감적으로 알지 못하는 사람도 많을 것이다.

그래서 교과서에 따라서는 이런 설명도 나온다.

[도표 4-1] 로그를 설명하는 방법

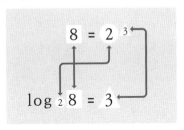

어쨌든 먼저 이렇게 기억해야 한다. 그리고 공식을 익혀 나가면 로그 문제도 풀 수 있을 것이다.

그런데 '세로축은 로그'라고 하는 그래프가 확 와 닿지 않는다는 사람이 많은 것은 어째서일까? 로그의 식만 일단 외웠다고 해도 로그가 원래 어떤 것이고, 어떻게 사용되는지 모르는 상태로 있기 때문이 아닐까?

거창하게 말하자면 로그의 정신을 이해하지 못하고 있는 것이다. 아니, 로그뿐 아니라 수학의 여러 기법에는 태어난 배경이 있어 필연성이 있다. 그런 것은 쏙 빼고 단지 수식만 기억하는 일이 많지 않은가?

일상에서 늘기 시작한 로그 이야기

로그를 배울 때만 식을 외워서 계산하면 그 후 생활이나 업무에서 특별히 접할 일이 없어진다. 그러나 최근 들어 새삼 로그나 지수 이야기를 꺼낼 때가 많아졌다. 세상이 디지털화되면서 '보이지 않는 데이터가 보이게 된 것'과 관련되어 있을 것이다.

예를 들어 '잘 팔리는 상품/잘 팔리지 않는 상품'을 어떻게 파악할까? 어떤 사업이든 잘 팔리는 상품의 생산을 확대하는 것이 상식이다. 그러면 잘 팔리지 않는 상품은 어떻게 해야 할까?

단순히 매출 상위 항목으로 막대그래프를 만들어 검토하던 것이 지금까지 해온 일반적인 방법이었다. 그래도 수의 대소를 비교할 수는 있었다. 제조사가 한 곳이라면 생산하는 제품은 한정되어 있으므로 이런 방법으로도 충분할 수 있다.

그러나 무수하다고 해도 좋을 만큼 많은 상품을 취급하는 유통업에서는 어떨까?

물론 인기 상품을 위해서는 큰 진열대를 확보하지만, 잘 팔리지 않는 상품은 머지않아 매장에서 사라진다. 매장의 크기가 정해져 있는 경우는 일반적으로 분석하면 된다.

그러나 이것이 인터넷 쇼핑몰이라면 어떨까?

일반 매장에서는 눈에 띄지 않는 상품이라도 꿋꿋이 좋아해 주는 사람이 있다. 그러한 상품까지 큰 창고에 놓아 둘 수 있으면 어떻게 될까? 그런 상품까지도 판매하면 비즈니스의 기회가 증가할지도 모른다. 그런 시점에서 분석이 이루어지게 되었다.

그래서 키워드가 된 것이 '롱테일(The Long Tail)'이라는 말이다. 매출이 높은 순서대로 왼쪽부터 막대그래프를 그리면 오른쪽에는 매출이 낮은 상품이 쭉 나열된다.

[도표 4-2] 롱테일의 법칙

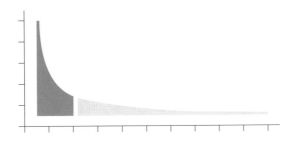

그러나 이 매출을 합계하면 커다란 비즈니스 기회가 되지 않을까?

이런 생각으로 상품 구색과 프로모션을 재검토해서 성과를 올리는 기업이 나왔다. 그리고 이 오른쪽으로 뻗은 부분이 공룡의 꼬리를 닮았다고 해서 '롱테일'이라는 말이 한때 각광을 받았다.

그러나 이런 그래프로는 매출의 숫자 분포가 어떤 성질을 가지고 있는지 알기 어렵다. 그래서 양쪽 축을 로그로 나타내어 그 성질을 알기 쉽게 파악하게 된 것이다.

[도표 4-3] 롱테일을 로그 그래프로 나타낸다

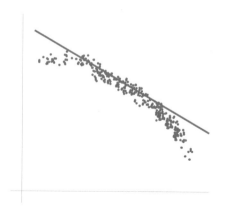

이 그래프를 살펴보면 우하향의 직선으로 수렴하고 있음을 알 수 있다. 로그의 성질을 가장 잘 알 수 있는 일례다.

디지털화가 진행되면서 지금까지 없던 시점에서 데이터를 분석하게 되었다. 롱테일의 논의는 2000년대 초에 화제가 되었는데, 그 후에도 다양한 데이터를 분석하다 보니 로그를 접할 기회가 많아졌다.

그러나 이런 설명을 듣고 '아, 그렇구나' 하는 생각이 바로 드는가? '애초에 로그가 뭐였지?'라고 생각하는 사람도 많을 것이다. 그 log를 둘러싼 식은 일단 외웠다고 하자. 그러나 그것이 어느 때 도움이 되는지는 몰랐을 것이다.

비즈니스 현장에서 다시 로그라는 개념이 언급되는 지금, 그 본질을 아는 일은 매우 중요하다.

로그는 매사를 보는
관점의 하나다

소부카와

로그로 본 중국의 GDP

로그를 이해하기 어렵다고 생각하는 사람이 적지 않을 것이다. 그 위협적인 기호만이 아니라 의미를 잘 모르는 경우도 많다. 우선 다음 데이터를 보자.

[도표 4-4] 중국의 GDP

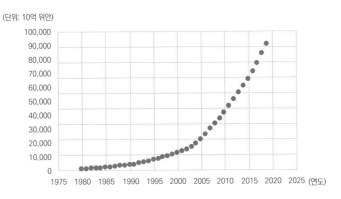

세로축은 GDP, 가로축은 연도다. 확실히 중국은 지난 40년간 눈부시게 발전했다. 그런데 이 그래프만 보면 그저 '굉장히 발전했다'는 것밖에 모른다.

경제의 기본을 생각해 보자. 항상 생각하는 것은 전년동월비○○%, 바

꿔 말하자면 몇 배가 되었는지 보여주는 지표다. 이러한 관점을 나타낼 때
는 대상으로 하는 수치의 로그를 나타내어 생각해 보면 제대로 되는 경우
가 있다.

　시험 삼아 세로축에 'GDP의 10을 밑으로 하는 로그[1]의 값'을 도표에 나
타내보자.

[도표 4-5] 중국 GDP의 로그 값

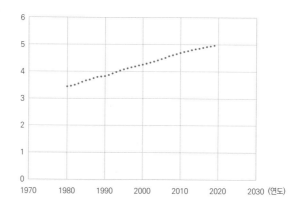

　어떤 경향을 알 수 있을까? 직선으로 되어 있다. 그래프를 보면 40년 동
안 로그 값이 약 1.5 정도 상승하고 있다. 게다가 1980년도는 로그 값이
3.4이다. 이런 점에서 다음과 같은 관계가 있다고 말할 수 있다.[2]

$$\text{GDP 의 로그} = \frac{1.5}{40}(\text{당해연도} - 1980) + 3.4$$

　좀 더 수식답게 쓴다면 X년도의 GDP 액수 P는

$$\log_{10}P = \frac{3}{80}(X - 1980) + 3.4$$

---

1) 상용로그라고 한다.

이렇게 나타난다.

앞에서 설명한 로그의 정의를 떠올려보자. 그것을 반대로 사용해 고쳐 쓰면 GDP 액수는

$$P = 10^{\frac{3}{80}(X-1980)+3.4} = (10^{0.0375})^{X-1980} \times 10^{3.4} ≒ 2511.9 \cdot 1.09^{X-1980}$$

이런 식으로 나타남을 알 수 있다.

바로 '지수 함수적 증가'다. 게다가 앞으로 X가 1 증가하면 P는 1.09 배가 된다는 것을 알 수 있다. 즉 GDP가 대략 매년 9%씩 늘어나고 있다는 것이다. 우리가 지난 40년 동안 뉴스에서 들은 액수다. 게다가 그 비율은 거의 변하지 않았다. 즉 이 정도의 고성장을 40년에 걸쳐 지속해왔다는 말이다.

로그를 사용할 명확한 이유는 없지만

이제까지 다룬 내용을 대시 검토해보자.

1. 그래프에 나타내보니 급격히 증대하는 수치임을 알았다
2. 일단 그 값을 전부 (상용)로그로 나타냈다
3. 로그 값을 연도마다 도표로 나타내보았다
4. 로그 값의 그래프는 직선이 되는 듯하다

---

2) 헷갈리는 사람은 ① 직선이므로 1차 함수이다, ② 1980년도에는 약 3.4로 되어 있다, ③ 2019년도에는 4.9로 되어 있다는 점만 확인하기 바란다.

5. 로그 값은 1차 함수로 나타날 것이다

6. 실제로 나타내보았다

7. 매년 전년 대비 증가가 일정할 것으로 보인다

여기에서 왜 로그로 나타냈는지 의문에 대한 완전한 답은 없다. 그저

경제 현상은 전년 대비 안정되는 것이 바람직하다

= 지수함수적 관점을 해보자

= 로그로 나타내본다

이런 시도를 해보니 상황이 잘 파악되었던 것이다.

이 방법은 경제를 분석하는 데 자주 관찰하는 현상, 예를 들어

• GDP 등 경제의 크기를 나타내는 지표의 변이

• 매출액의 변이, 특히 롱테일로 작아지는 데이터

• 반도체의 집적률(무어의 법칙)

이런 데이터를 보는 데 도움이 되는 경우가 많다. 다시 말해 로그는 단순히 급격하게 증가/감소하는 것보다도 더 정확한 데이터의 관점 중 하나인 것이다.[3]

---

3) 하나의 관점이기 때문에 항상 똑같이 도움이 된다고는 할 수 없지만, 일단 해볼 만한 가치가 있다.

로그라는 창으로
기업을 재검토한다

야마모토

같은 업종 3사의 매출을 비교해본다

여기까지 로그의 이야기를 읽은 사람은 이렇게 생각했을지도 모른다.

'그럼 로그는 어느 때 사용할까?'

바꿔 말하자면 '로그의 창'은 어느 때 유효할까?

앞의 예는 x축이 시간축이고 y축이 로그인 그래프였다. 이것은 시간의 경과에 따라 y의 숫자가 지수함수적으로 상승할 때 사용한다. 즉 단시간에 급증하는 폭발적인 증가를 보이는 경우다. 보통의 그래프로는 감당할 수 없을 때 효과적이다.

인구 증가는 이런 그래프로 분석될 수 있지만, 앞에서처럼 경제 성장을 로그로 분석하는 경우는 별로 본 적이 없을 수도 있다. 다만 1980년 이후의 중국의 성장률은 확실히 '로그의 창'으로 보면 실태를 이해할 수 있을 것이다.

그럼 다양한 데이터를 로그로 재검토하면 무엇을 알 수 있을까? 좀 전에는 국가 경제성장률이었지만, 기업의 성장을 '로그의 창'으로 살펴보겠다.

[도표 4-6] 같은 업종 3사의 매출을 실수로 비교

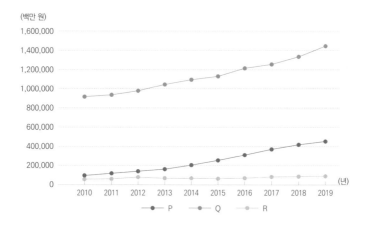

도표 4-6에서는 같은 업계의 P, Q, R 3사를 비교하고 있다. 일단 매출의 실수 비교다. 우선 Q는 압도적으로 규모가 크고 순조롭게 수치를 늘리고 있음을 알 수 있다. P는 단기간에 급속히 성장하고 있으며, 그 커브는 Q와 비교해도 손색이 없어 보인다.

반면에 R은 처음 매출이 P와 비슷했지만, 9년 만에 큰 차이가 벌어졌다. R의 매출은 변동이 없어 보이지만, 처음에 비해 1.55배로 Q의 1.58배와 별반 다르지 않다.

로그로 비교하면 기세의 차이가 명확히 보인다

이 3사의 매출을 로그로 보면 어떨까?

[도표 4-7] 같은 업종 3사의 매출을 로그로 비교

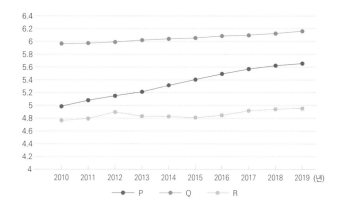

좀 전과 마찬가지로 '10을 밑으로 하는 로그'를 통해 살펴보겠다. 그 결과가 도표 4-7의 그래프다. 이렇게 하면 방금 전과는 전혀 다른 광경을 보는 듯하지 않은가?

무엇보다 P의 성장이 두드러진다는 것을 다시 한번 알 수 있다. 성장하는 기업은 이렇게 '로그의 창'을 사용하면 선명하게 보인다. 덧붙여 로그로 보면 Q와 R의 성장이 유사하다는 것도 이해하기 쉽다.

이처럼 로그라는 창으로 보면 기업의 성장률을 직감적인 '기세'로 파악할 수 있다. 여러 숫자의 움직임을 로그로 보면 다양한 발견의 가능성이 펼쳐진다.

- 로그의 의미를 확인하고 싶을 때는 먼저 지수함수를 상기한 다음 관계를 확인한다.

- 실제 비즈니스에서 사용되는 로그는 밑을 10으로 한 상용로그라고 생각하면 된다.

- 로그는 이길 때마다 점수가 배로 늘어나는 게임처럼 기하급수적으로 증가하는 수를 다룰 때 편리한 도구다. 가로축은 시간축을 나타내고, 세로축은 10, 100, 1000, …라는 상용로그를 통해 같은 간격으로 눈금을 나타낸 그래프다.

- 그러면 지수곡선을 직선으로 볼 수 있다. 즉 로그의 창으로 숫자의 움직임을 파악해서 증감의 경향을 파악할 수 있다.

- 세로축에 로그를 나타내는 그래프로, 직선적으로 증가하고 있는 경우에는 실제 값이 기하급수적으로 증가하고 있다고 생각하면 된다. 감소의 경우는 그 반대가 된다.

- 이길 때마다 점수가 배로 늘어나는 게임만큼 극단적이지는 않아도 매년 같은 비율로 증감하는 데이터라면 로그로 분석했을 때 경향을 파악하기 쉬워진다.

- 로그는 기하급수적으로 증감하는 데이터를 확실히 보기 위한 창이라고 할 수 있다. log라는 기호에 현혹되어 불편하게 생각하는 것은 안타까운 일이다.

상황을 올바르게 보기 위한 무기로 이용하는 수학

소부카와

연속적인 숫자를 인식하기는 어렵다. 전문적으로 수학을 배우려고 생각한 학생도 일단 이때 어려움을 겪는다. "오늘 100원, 내일 100원, 모레 100원……이라면 한 달 후에 얼마나 증가할까?"라는 단순한 문제라면 이해할 수 있다. 그런데 "리모델링에 드는 비용 500만 원 중에 300만 원을 무담보, 연리 8%의 5년 상환 대출로 준비했을 경우, 이자는 얼마나 붙을까?"라고 하면 바로 아는 사람은 별로 없다.

고등학교 시절에 수열을 극복한 사람들은 계산을 많이 소화한다. 손을 움직여 계산하다 보면 재미없는 수열, 즉 단순한 수의 열이 의외로 친근하게 보인다. 지루한 수열과 가깝게 지낼 근성이 필요했기 때문이다. 이것은 로그 분야도 마찬가지다.

고등학교에서 배우는 수열에서는 점화식을 배운다. '어떤 항에서 다음 항을 만드는 규칙'이라고 나온다. 이것은 컴퓨터와 궁합이 아주 잘 맞는다. 점화식의 이치를 이해하고, 엑셀로 수식을 만들고, 여러 수치를 넣어 계산하면 점화식이 어떤 것인지 생각할 수 있다. 그런데 대부분의 고등학교 수업에서는 계산에 주력하고 있다. 엑셀로 계산하면 지금까지 해온 계산 중심의 수업을 바꿔야 하기 때문에 주저하고 있다. 이런 것들은 바뀌어야 한다.

제9장에서 리볼빙을 엑셀로 계산하는데, 리볼빙은 이자가 얼마나 부풀어 오르는지 체감할 수 있을 것이다. 대출이라는 형태로 보이지 않게 된 괴로운 실태가 수학을 이용하면 보이게 된다. 수열만이 아니라 수학을 도구로 사용하면 상황을 파악하는 무기가 된다.

숫자나 수식에 친근감을 느끼는 방법

야마모토

할부, 리볼빙은 전부 결제 방식이지만, 사실상 빚이다. 할부는 구매 대금을 2회, 혹은 3회……로 횟수를 결정해 분할해서 결제하는 방식인데, 할부 수수료라는 이름의 이자가 붙는다. 리볼빙은 이용 금액이나 이용 건수에 관계없이 매월 일정하게 결제하는 방식인데, 역시 수수료라는 이름의 이자를 낸다. 일반 신용카드 결제는 무이자로, 다음 달 결제 또는 다다음 달에 결제하는 방식인데, 나중에 할부나 리볼빙에 끌어들이기 위한 빚의 한 형태라고 이해하는 편이 실상에 맞다.

소부카와가 지적한 대로 이런 것은 엑셀을 사용하면 잘 알 수 있다. 내가 엑셀을 사용했을 때 체감적으로 잘 안 것은 로그다.

10을 밑으로 하는 상용로그는 고등학교 교과서 뒤에 일람표가 실려 있어서 그것을 보면 로그라는 것은 큰 수를 다룰 때가 많고, 세로축이 1부터 시작해서 10, 100, 1000이 되는 것이라고 믿게 된다. 하지만 엑셀로 그래프를 만드는 편이 훨씬 알기 쉽다. 경제 성장률이나 기업의 매출 등 상용로그의 예시보다 크지 않은 숫자라도 엑셀로 계산해보면 다루기 쉬워진다. 숫자 덩어리를 한순간에 로그로 만들다 보면 신기하게도 친근감이나 애착이 느껴진다. '파충류를 키워 보니 의외로 귀엽네'라는 느낌에 가깝다고 할까?

어찌 보면 지루한 숫자나 수식을 극복하려면 구체적인 부분으로 끌어올 필요가 있다. 계산은 그 한 방법이라고 생각한다. 다만 그것에 노력이 들 때 엑셀에서 구체적인 숫자를 입력하고, 그 계산 결과가 나올 때 수학의 의미와 실용성을 알 수 있다.

제 5 장

벡터

벡터는 도형의
이야기일까?

야마모토

업무에서 벡터를 의식할 때

일을 하면서 수학적 지식의 중요성을 통감하는 경우는 있어도, 벡터를 의식할 일은 별로 없을 것이다. 오히려 벡터라는 말은 가끔 감각적으로 쓰이기도 한다. 예를 들면 이런 식이다.

"상대방과 기획 사고방식의 벡터는 맞는 것 같은데……."

그럼 무엇이 다르냐면 납기나 금액이 타협되지 않는다고 한다. 벡터가 맞는지는 떠나서 '벡터'라는 말의 진정한 의미는 의외로 이해되지 않는 것 같다.

여기에서 교과서로 돌아가 벡터의 정의를 살펴보자. 우선 유향선분이라는 개념이 나온다. 이것은 '점A에서 점B로 향하는 방향이 있는 선분'을 말한다(도표 5-1).

[도표 5-1] 유향선분

이것은 문제없이 이해할 수 있다.

파워포인트에서 도형의 화살표를 선택하고 클릭해서 잡아당기면 그릴 수 있다. 그리고 점 A를 시점으로 하고, 점B를 종점으로 했을 경우, 유향선분 AB를 $\overrightarrow{AB}$라고 표기한다. $\vec{a}$처럼 문자 하나로 나타내기도 한다. 그리고 벡터의 크기를 나타내는 데에는 $|\overrightarrow{AB}|$, $|\vec{a}|$라고 표현한다.

벡터의 설명 중에는 이런 내용이 있다.

유향선분의 위치는 문제 삼지 않고, 방향과 크기에만 착안한 것을 벡터라고 한다.

여기까지는 대강 이미지를 떠올릴 수 있을 것이다. 그리고 기억에 남아 있는 것이 벡터의 합의 그림이 아닐까?

[도표 5-2] 벡터의 합

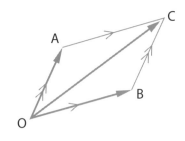

벡터 와 $\overrightarrow{OA}$ 의 $\overrightarrow{OB}$ 합은 $\overrightarrow{OC}$ 가 된다. AOBC라는 평행사변형을 그리면 되므로 이 사실 자체는 직감적으로 이해할 수 있다. 그리고 이 지점에서 벡터는 도형의 이야기라고 느낄 것이다. 다음으로 벡터의 상수배도 나오는데, 도형적인 감각이 도움이 된다.

도형만으로는 풀리지 않는 벡터

이 도형적인 감각은 물리 문제에서도 나온다. '힘의 합성'이라는 개념은 '벡터의 합'과 같은 개념이다. 이 합력은 중학교에서 배우기도 해서, 벡터의 이야기도 받아들이기 쉬울 것이다.

그런데 벡터를 배우다 보면 점점 도형 문제적인 요소가 희미해진다.

먼저 '벡터의 성분'이라는 항목에서 x축과 y축으로 이루어진 좌표 평면이 등장한다. 이렇게 되면 도형적인 감각이 아니라 아무래도 함수적인 계산을 할 필요가 있다. 그리고 '벡터의 내적'이라는 개념이 나올 즈음에는 평행사변형을 그리던 한가로움은 사라진다.

벡터의 내적이라는 개념은 어렴풋이 기억하는 사람도 있을 것이다. 확실히 기억하는 사람은 많지 않겠지만, 여기에는 삼각함수 $\cos\theta$이 나온다. 자세한 이야기는 생략하겠지만, 도형 문제처럼 보이던 벡터의 문제는 여기에서 모습이 확 바뀐다. 이후에 3차원을 무대로 한 공간 벡터 등도 나오지만, 실제로 시험 문제에서 애먹는 것은 벡터의 내적 이후의 이야기일 것이다.

그렇다면 벡터는 원래 무엇이었을까? 장소는 묻지 않는 '힘의 화살표' 같은 이미지로 들어갔다가 점점 먼 곳으로 끌려가는 기분이 들지 않는가? 그리되면 '벡터의 본모습'이 무엇이었는지 의문이 생긴다. 벡터는 수학에서 어떤 의미를 갖고 있을까? 또 그것은 어느 때 사용될까?

힘의 합성과 관계가 깊다면 건축물을 비롯한 여러 사물의 설계에 관여할 것으로 짐작된다. 그러나 그뿐만은 아닐 것이다. 새삼 벡터의 본모습이 알고 싶어진다.

벡터란 수의 조합이다

소부카와

벡터는 여러 얼굴을 가지고 있다

대학생들에게 조사해보면 벡터는 고등학교 때 배운 수학 중에서 가장 이해하기 어렵다고 한다.[1] 그 이유를 몇 가지 생각할 수 있는데, 가장 큰 이유는 벡터가 원래 무엇인지 잘 모른다는 것이다. 벡터는 여러 얼굴을 가지고 있다.

- 물리학이나 공학 세계에서는 기본적으로 화살표
- 기하학(도형)에서는 유향선분
- 대수학에서는 하나의 수 같은 것

모두 올바른 관점이지만, 비즈니스 세계에 사용하기에는 조금 부족하다. 그래서 이 책에서는 일단 다음의 설명으로 시작하겠다.

벡터란 수(데이터)의 조합이다

예1 A공장에서는 어느 해 4월에 제품X가 32t(톤), 제품Y가 25t, 제품Z가 17t 제조되었다고 한다. 이때 수의 조합(32, 25, 17)은 A공장의 생산

---

1) 와세다대학교 '수학 기초 플러스 시리즈' 이수자 설문 결과.

상황을 나타낸다.

이 수의 조합을 한 덩어리로 생각하기 때문에 그것을 '벡터 에이'라고 부르고 **a**라고 나타낸다. 벡터를 나타낼 때는 **a**와 같이 굵은 글자를 쓰지만, 손으로 깔끔하게 굵은 글자를 쓰는 것이 번거로워서 ⓐ와 같은 글씨체를 쓰는 경우도 많다. 고등학교까지는 $\vec{a}$라고 표기했다.

활자를 쓰던 시절에는 이런 표기를 인쇄하기가 번거로워서 굵은 글자를 썼기 때문에 지금도 그 습관이 남아있는데, 이렇게 쓰는 방식이 익숙하다면 사용해도 상관없다.

벡터의 덧셈과 상수배

예2 B공장에서는 같은 해 4월에 제품X가 16t, 제품Y가 11t, 제품Z가 9t 제조되었다고 한다. 이때 벡터b=(16, 11, 9)는 B공장의 생산 상황을 나타낸다.

이때 A공장과 B공장, 2개의 벡터를 '더하기'라는 조작으로 생각해 보자.

$$\mathbf{a} + \mathbf{b} = (32,\ 25,\ 17) + (16,\ 11,\ 9)$$
$$= (32 + 16,\ 25 + 11,\ 17 + 9)$$
$$= (48,\ 36,\ 26)$$

여기서 얻은 벡터(48, 36, 26)는 그 해 4월에 A와 B, 두 공장을 합해서 제품 X를 48t, 제품Y를 36t, 제품Z를 26t을 생산했다는 의미가 있다.

중요한 것은 여기부터다. 벡터는 복수의 데이터를 나열한 것이라고 생각하고 논의를 시작하고 있다. 그러나 여기에서 '제품X의' '제품Y의' '제품Z의'라고 한정해서 생각하면 수학을 어디에서나 사용할 수 있는 만능 도구로 구축하는 것이 어려워진다.

그래서 '구체적인 데이터'에서 떨어진 지점에서 논의하기로 한다. 몇 개 나열된 수의 조합을 벡터라고 부른다.[2]

나열된 수의 개수를 '차원'이라고 부른다.[3] 1차원이든 3차원이든 상관없고, 100차원이라도 무방하다. 일반 논의를 할 때는 n차원이라는 개념도 사용한다.

나열된 각각의 수[4]를 그 벡터의 '성분'이라고 부른다. 이때 어떤 데이터가 뒤죽박죽되면 의미가 없기 때문에 나열된 수의 순서를 바꾸면 안 된다.

두 벡터의 차원이 같을 때 대응하는 위치에 있는 성분을 더해 얻을 수 있는 새로운 벡터를 그것의 합이라고 한다. A와 B공장의 예시처럼 이렇게 정하면 다수의 데이터 조합을 생각할 때 많은 도움이 되기 때문에 이렇게 정하도록 하겠다.

여기에서 몇 가지 의문이 생긴다.

제품X와 제품Z밖에 제조하지 않는 공장C의 데이터를
공장A나 공장B의 데이터에 더할 수 있을까?

여기에 든 예시에서 그 데이터를 더하는 것은 타당한 일이다. 단 다른 경우도 포함해서 혼란이 일어나면 안 되므로 공장C의 생산량을 나타내는 벡

---

2) 앞에서 말한 화살표, 유향선분이라는 관점을 구별하기 위해 수벡터라고 부르기도 한다.

3) 차원이라고 하면 "가로, 세로, 높이, 네 번째는 시간인가?"라는 식의 잡념은 비즈니스에 도움이 되지 않기 때문에 일단 묻어둔다.

4) 흔히 숫자라고 표현하는 사람이 있는데, 이때는 수를 나타내는 기호를 숫자라고 하고 '수'와 '숫자'를 구분해준다. 숫자는 27로 쓰는지, 이십칠로 쓰는지, XXVII로 쓰는지의 이야기다.

터를 다음과 같이 표현하겠다.

(57, 45)가 아니라 (57, 0, 45)

같은 차원의 벡터로만 덧셈을 생각해서 수학의 세계와 실제 세계가 들어맞도록 해야 한다. 그렇다면 또 다음과 같은 의문도 생겨난다.

A공장의 생산량의 벡터에 S씨의 키, 몸무게, 나이의
벡터(180, 76, 56)를 더해도 될까?

이런 것에 의미가 있을까?

다양하게 사용할 수 있는 만능 도구의 수학에서는 일단 수로 파악한 다음에는 그것이 무엇을 나타내고 있었는지는 생각하지 않는다.

같은 차원의 벡터는 '수학으로서는' 더해도 된다

그것이 실제로 의미 있는지는 사용자 측이 각자 생각하도록 하자.

공장A와 같은 것을 전부 3동 지으면 생산량은 3배가 된다. 벡터에서도 3배로 한다는 개념을 생각해 보자.

$$3\mathbf{a} = 3(32, 25, 17) = (96, 75, 51)$$

이렇게 각 성분을 3배로 한 것을 벡터 a의 3배라고 정한다. 좀 더 일반적으로 벡터의 k배라는 개념도 생각해 보자. 이 k는 실수라면 뭐든지 좋다고 하겠다. 예를 들어 -3.8배나 배라는 개념도 형식적으로 생각하기로 하겠다.

이렇게 벡터의 합, 상수배라는 개념을 생각한다.

가로 벡터(행벡터)와 세로 벡터(열벡터)

여기에서는 수의 조합을 괄호로 묶어서 벡터라고 부른다.

지금까지는 특별히 거부하지 않고 수를 가로로 나열하고 있지만, 사실 꼭 그렇다고 단정할 수 없다. 제7장에서도 설명하겠지만, 수의 조합을 가로로 나열한 것을 행벡터(row vector), 세로로 나열한 것을 열벡터(column vector)라고 한다.

물론 $(47, 6\sqrt{5}, -21)$이라고 쓰는 것과 $\begin{pmatrix} 47 \\ 6\sqrt{5} \\ -21 \end{pmatrix}$이라고 쓰는 것 중에 어느 쪽이 공간을 절약하느냐는 문제도 있지만, 용도에 따라 구분해서 사용할 수도 있다. 예를 들어 A, B, C 공장을 생각해 보면 제품 X에 주목할 때 A, B, C 세 공장의 생산량을 다음으로 나타낼 수 있다.

$$\mathbf{x} = \begin{pmatrix} 32 \\ 16 \\ 57 \end{pmatrix}$$

이렇게 하면 '공장별 모습'인지 '제품별 생산량'인지 구별할 수 있다.

덧셈이나 상수배는 열벡터로 나타냈을 때도 마찬가지로 성분별로 생각한다.

다만 위의 예에서 알 수 있듯이 차원이 같아도 행벡터와 열벡터를 더하지는 않는다.

벡터는
화살표이기도 하다

소부카와

비교에 사용되는 레이더 차트

이제 공장들의 생산량을 비교해보자. 한 곳을 추가해서 제품 X, Y, Z의 생산량이(46, 39, 20)인 네 번째 공장D도 함께 생각한다.

이때 비즈니스 현장에서도 자주 쓰이는 편리한 도구가 레이더 차트다.

[도표 5-3] 레이더 차트

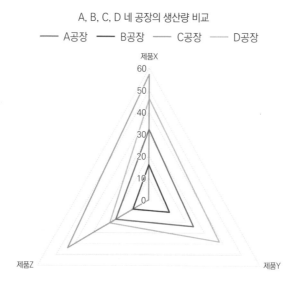

이 차트에서는 네 공장에 대해 다음 경향을 파악할 수 있다.

- A공장과 B공장은 어느 제품이나 똑같이 균형 있게 생산하지만, A공장의 생산량이 더 많다.
- C공장은 제품X와 Z에 특화되어 있는데, 전체적인 생산량이 훨씬 많다
- D공장은 제품X와 Y가 중심이며 전체적인 생산량도 많다.

이것은 그려져 있는 다각형(이 경우에는 삼각형, 데이터가 n개라면 n각형)의 형태를 보고 판단한다. 중요한 것은 다음 두 가지다.

- 그려져 있는 다각형의 넓이
- 도형의 균형

구체적으로 말하자면

도형이 넓다 = 생산량이 크다
도형이 치우쳐져 있다 = 그 제품으로 쏠려 있다

즉 '데이터 조합'의 '크기', '방향(편중된 모습)'을 생각하는 일에 의의가 있다.

도형으로 사용하는 벡터

몇 가지 종류의 데이터를 정리해 수벡터로 보는 데 위의 두 가지 성질에 자연스럽게 주목하게 된다. 레이더 차트는 중요한 도구이지만, 사실 커다란 약점이 두 가지 있다.

- 3종류 이상의 데이터를 하나로 묶을 때는 사용할 수 있지만, 2개의 데이터에서는 사용할 수 없다
- 4종류 이상의 데이터를 다룰 때 어떤 순서로 나열하느냐에 따라 모습이 다르다

예를 들어 같은 데이터 조합이라도 순서를 바꾸면 상황이 전혀 다르게 보이며, 2각형이라는 것이 없다.

[도표 5-4] 레이더 차트는 배열 방식에 따라 모습이 바뀐다

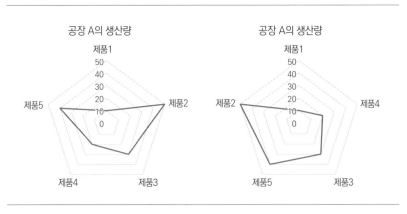

그래서 좀 더 다른 형태로 크기와 방향을 생각하고 싶다. 보기 쉽게 레이더 차트를 적용할 수 없는 경우로 데이터가 2개, 즉 2차원의 벡터를 생각해 보자. 예를 들어 다음과 같은 경우다.

$$\mathbf{x}_1 = \begin{pmatrix} 7 \\ 1 \end{pmatrix} \text{ 과 } \mathbf{x}_2 = \begin{pmatrix} 2 \\ 3 \end{pmatrix}$$

$\mathbf{x}_1$은 첫 번째 성분에 편중된다, $\mathbf{x}_2$는 두 번째 성분에 편중된다고 말할

수 있다. 이것을 직감적으로 보기 위해 x축과 y축을 나타내어 평면상의 점으로 생각한다.

그리고 원점에서 점(7, 1)까지의 화살표를 x1, 원점에서 점(2, 3)까지의 화살표를 x2라고 생각해 보자.

[도표 5-5] 2차원 벡터를 평면으로 나타낸다

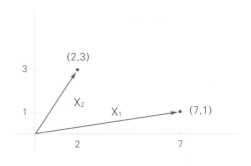

- 도표 5-5는 편중되고 있는 느낌이 나타나지 않는가?
- 각 성분이 크면 화살표는 길어진다

이 두 화살표 사이의 각도가 이들 방향의 차이를 나타낸다고 볼 수 있다. 각도가 작으면 같은 방향을 향한다. 마이너스 성분을 생각하면 화살표는 반대로 향하기 때문에 확실히 반대 방향이라는 느낌도 든다. 또 그 화살표의 길이가 크기라고 보는 것도 타당하다.

그러면 수벡터의 덧셈을 생각해 보자. 덧셈은 도표 위에서 어떻게 해석할 수 있을까? 이 예시에서는 다음과 같이 된다.

$$\mathbf{x}_1 + \mathbf{x}_2 = \begin{pmatrix} 7 \\ 1 \end{pmatrix} + \begin{pmatrix} 2 \\ 3 \end{pmatrix} = \begin{pmatrix} 9 \\ 4 \end{pmatrix}$$

도표 위에서는 화살표를 잇는 것으로 파악되지 않을까?

[도표 5-6] 2차원 벡터를 더해본다

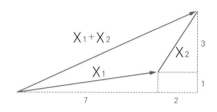

상수배의 개념은 방향을 바꾸지 않고 그대로 늘리는 것에 상응한다. 단 마이너스배하면 화살표가 반대로 향하게 된다.

벡터의 크기와 방향

앞에서는 수의 조합이었던 벡터를 여기에서는 평면상의 화살표로 생각해 보자.

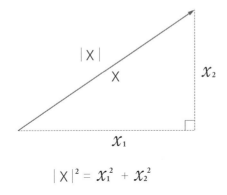

$$|X|^2 = x_1^2 + x_2^2$$

이때 벡터의 크기는 수벡터의 입장에서 본다면 무엇이 될까? 이곳에서 활약하는 것이 피타고라스의 정리다. 평면상에서 화살표의 길이는 그 성분을 이용해

$$|\mathbf{x}| = \sqrt{x_1^2 + x_2^2}$$

이렇게 되는 것을 바로 알 수 있다. 그림을 그리는 것이 조금 어렵지만, 3차원에서도 마찬가지다. 4차원 이상은 그림으로 생각할 수 없지만, 이것을 발전시켜 n차원의 벡터 $\mathbf{x} = \begin{pmatrix} x_1 \\ x_2 \\ \vdots \\ x_n \end{pmatrix}$ 에 대해 그 크기를 다음과 같이 정하기로 한다.

$$|\mathbf{x}| = \sqrt{x_1^2 + x_2^2 + \cdots + x_n^2}$$

벡터의 내적

다음으로 벡터의 곱셈에 대해 생각해 보자. '화살표×화살표'의 이야기

가 되므로 어떤 의미인지 잘 모르겠다는 사람들도 있는데, 그 형태에 어떤 의미가 있는지 살펴보도록 하겠다.

우선 아는 이야기부터 시작하자.

$$3 \times 2$$란 무엇일까?

여러 가지 관점이 있다.

- '2가 3개' 혹은 '3이 2개'[5]
- 세로의 길이가 3, 가로의 길이가 2인 직사각형의 면적

전자는 앞에서 말한 벡터의 상수배 이야기가 되고, 후자는 이 책에서는 다루지 않지만, 물리적으로 매우 의미가 있는 누적이라는 또 다른 곱셈 이야기로 이어진다.

여기에서는 조금 더 원시적으로 보도록 하겠다. 3도 2도 같은 실수이기 때문에 그것을 수직선상에서 생각한다.

[도표 5-8] 평면상의 화살표로 본다

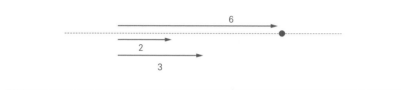

이 결과 6이라는 답이 나온다고 보자.

다음으로 두 개의 벡터로 같은 것을 생각해 본다. 방향이 다른 경우다.

[도표 5-9] 방향이 다른 두 벡터의 도표

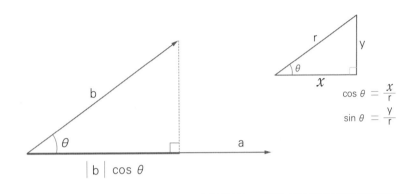

여기에서 '방향이 다르니 일치시키자'라고 생각한다. 도표를 보면 a는 b의 방향에서 봤을 때 굵은 선의 크기로 '보인다'. 그래서 굵은 선과 b의 곱을 생각한다. 굵은 선 부분은 a의 길이에 사잇각 θ의 cos를 곱한 것이므로 새로운 곱셈으로 다음을 생각할 수 있다.

$$\mathbf{a} \cdot \mathbf{b} = |\mathbf{a}||\mathbf{b}|\cos\theta \qquad\qquad (5.1)$$

이것을 벡터의 내적이라고 부른다.

이렇게 정한 내적이 어떻게 수벡터로 되는지를 알아보자. 먼저 벡터의 덧셈과의 분배 법칙이 성립됨을 알 수 있다.

$$(\mathbf{a} + \mathbf{b}) \cdot \mathbf{c} = \mathbf{a} \cdot \mathbf{c} + \mathbf{b} \cdot \mathbf{c}$$

---

5) 곱셈의 순서는 산수 교육의 세계에서 여러 가지 문제가 있지만, 여기에서는 논의하지 않기로 한다.

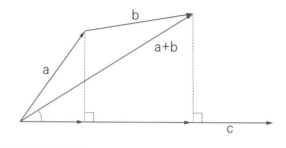

또 내적과 상수배가 다음과 같은 관계를 충족시키는 것도 알 수 있다.[6]

$$(\lambda \mathbf{a}) \cdot (\mu \mathbf{b}) = \lambda \mu (\mathbf{a} \cdot \mathbf{b})$$

n차원의 수벡터에 대해 n개의 성분 중 j번째 성분 하나만 1이고 나머지가 모두 0인 벡터 $\mathbf{e}_i$를 생각해 보자. 이것은 좌표축 정방향이고 크기가 1인 벡터다. 이것을 기본 단위 벡터라고 부른다.

게다가(4차원 이상은 조금 생각하기 어렵지만) 이것들은 서로 직각으로 교차하므로 다음과 같이 된다.

$$\mathbf{e}_i \cdot \mathbf{e}_j = \begin{cases} 1 \cdot 1 \cos 0° = 1 & (i = j \text{ 일 때}) \\ 1 \cdot 1 \cos 90° = 0 & (i \neq j \text{ 일 때}) \end{cases}$$

기본 단위 벡터를 사용하면 다음과 같이 나타낼 수 있다.

$$\begin{pmatrix} x_1 \\ x_2 \\ x_3 \\ \vdots \\ x_n \end{pmatrix} = x_1 \mathbf{e}_1 + x_2 \mathbf{e}_2 + x_3 \mathbf{e}_3 + \cdots + x_n \mathbf{e}_n$$

그리고 이것을 사용하면 다음을 알 수 있다.

$$\begin{pmatrix} x_1 \\ x_2 \\ x_3 \\ \vdots \\ x_n \end{pmatrix} \cdot \begin{pmatrix} y_1 \\ y_2 \\ y_3 \\ \vdots \\ y_n \end{pmatrix} = x_1 y_1 + x_2 y_2 + x_3 y_3 + \cdots + x_n y_n \qquad (5.2)$$

n차원 공간의 각도

이렇게 수의 조합, 데이터의 조합인 벡터를 그림 형태로 볼 수 있었다. 여기서 한발 더 나아가 볼까? 2차원 공간(평면)에서 생각한 도형적인 내적을 3차원, 4차원 이상으로 확장해보자. 즉 (5.1)을 3차원 이상에도 적용해보는 것이다.[7]

n차원의 벡터,

$$\mathbf{x} = \begin{pmatrix} x_1 \\ x_2 \\ x_3 \\ \vdots \\ x_n \end{pmatrix}, \quad \mathbf{y} = \begin{pmatrix} y_1 \\ y_2 \\ y_3 \\ \vdots \\ y_n \end{pmatrix}$$

에 대해 이들이 이루는 각 θ를,

$$\cos\theta = \frac{x_1 y_1 + x_2 y_2 + x_3 y_3 + \cdots + x_n y_n}{\sqrt{x_1^2 + x_2^2 + \cdots + x_n^2}\sqrt{y_1^2 + y_2^2 + \cdots + y_n^2}}$$

---

6) λ: 람다, μ: 뮤(모두 그리스문자)

7) 여기에서는 3차원도 형식적인 적용처럼 보고 있지만, 실제로 도형에서도 이렇게 될 것이다.

이를 만족시키는 각으로 정하기로 한다. 여기에서 '4차원 공간이나 5차
원 공간에서 어떻게 각도기를 사용하지?'라는 고상한 의문은 갖지 않는다.
단순히 (5.1)과 (5.2)가 이끄는 타당한 결정 방식이라고 생각하자.

통계와 벡터

소부카와

키와 몸무게의 관계로 상관계수를 배운다

여러 종류의 통계 데이터는 그 관계를 조사하는 것이 중요하다. 예를 들어 다음과 같은 경향은 많은 사람이 공감한다.

키가 큰 사람은 체중도 많이 나간다

이를 확실히 하기 위해 통계학이 활약하기 시작한다. 이때 벡터가 어떻게 도움이 되는지 생각해 보자.

보통 한 사람의 (신장, 체중)이라는 식으로 데이터를 나열하는 것을 생각하기 쉽지만, 더 넓게 '동양인 남성의 신장'과 '동양인 남성의 체중' 사이의 관계를 본다면, 예를 들어 100명의 신장 데이터를 나열한 100차원의 벡터 '신장 데이터의 벡터', '체중 데이터의 벡터'를 생각할 필요가 있다.[8]

다만 여기에 나열된 성분은 첫 번째 사람의 데이터가 첫 번째, 두 번째 사람의 데이터가 두 번째라는 순서를 지켜야 한다.

여기에서 먼저 수학적인 조작을 한다. 키는 cm(센티미터)를 단위로 한다면, 약 160~180 정도의 수치를 나타내고, 체중은 kg(킬로그램)을 단위로 한다면, 약 55~80 정도의 수치를 나타낸다.

---

8) 통계 데이터로 100이라는 샘플 수가 어떠한지에 대해서는 논의하지 않는다.

이를 비교하기 위해 먼저 중앙화를 한다. 중앙화는 각각의 데이터에서 전체 평균을 뺀 값을 다시 생각하는 것이다. 그 값을 통계 용어로는 편차라고 한다.[9]

$$편차 \ d_i = 측정치 \ x_i - 평균 \ \bar{x}$$

중앙화된 데이터의 평균은 0. 그 분산·표준편차는 원 데이터와 다르지 않다.[10]

100차원의 벡터 이야기를 갑자기 하는 것은 어렵기 때문에 중심화된 두 개의 데이터에 대해서 생각해 보자. A의 키 x_1과 B의 키 x_2, A의 몸무게 y_1과 B의 몸무게 y_2. 그리고 그것을 모두 중앙화해서 생각하도록 하겠다. 우선 벡터 $\mathbf{x} = \begin{pmatrix} x_1 - \bar{x} \\ x_2 - \bar{x} \end{pmatrix}$를 도표상에서 생각한다. 벡터이므로 평행이동을 해도 되겠지만, 원점을 시점으로 생각한다.

[도표 5-11] 벡터의 각도

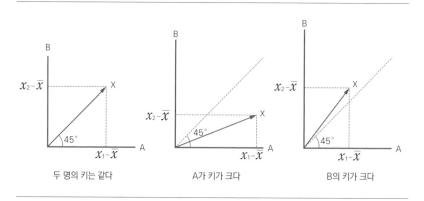

두 명의 키는 같다 　　　　 A가 키가 크다 　　　　 B의 키가 크다

이 벡터가 어떤 각도를 이루고 있는지 생각해 보자. 각도는 모두 가로축

에서 반시계 방향으로 보도록 하자. 그 각도가 0°~90°인 케이스로 생각한다. 즉 두 명 모두 평균보다 키가 큰 경우다.

각도가 45°라면 $x_1 = x_2$, 두 명의 키는 같다. 45°보다 크면 B의 키가 더 크다. 반대로 45°보다 작으면 B의 키가 더 작다. 두 명의 데이터를 비교할 때 $\mathbf{y} = \begin{pmatrix} y_1 - \bar{y} \\ y_2 - \bar{y} \end{pmatrix}$ 벡터의 방향이 중요하다.

같은 방법으로 체중을 보도록 하자. 벡터 y=를 생각한다.

만약 이 두 개의 벡터의 기울기 상태가 같다(평행)면 신장의 차이와 체중의 차이가 같은 비율이라고 본다는 것이 여기에서의 입장이다. 만약 평행하지 않다면? 그때는 두 개의 벡터가 만드는 각의 크기를 보도록 하겠다.

그러나 실제로 그림을 그리고 각도기로 재는 일은 번거롭고 현실적이지 않다. 그래서 생각나는 것이 내적의 정의다. 수벡터를 사용한 계산과 도형적인 정의를 모두 사용해보겠다.

$$\text{수 벡터로} : \mathbf{x} \cdot \mathbf{y} = (x_1 - \bar{x})(y_1 - \bar{y}) + (x_2 - \bar{x})(y_2 - \bar{y})$$
$$\text{도형 벡터로} : \mathbf{x} \cdot \mathbf{y} = |\mathbf{x}| \cdot |\mathbf{y}| \cos\theta$$

이들을 사용하면 두 개의 벡터가 이루는 각 θ의 코사인을 다음과 같이 나타낼 수 있다.

$$\cos\theta = \frac{(x_1 - \bar{x})(y_1 - \bar{y}) + (x_2 - \bar{x})(y_2 - \bar{y})}{|\mathbf{x}| \cdot |\mathbf{y}|}$$

---

9) 원 데이터의 벡터에 대해서 그것을 중앙화한 데이터의 벡터를 편차 벡터라고 부르기도 한다.

10) 여기에서 기준을 통일하기 위해 표준편차로 나누어 표준화해도 되지만, 수식이 많아지므로 이대로 생각한다.

이것은 두 명의 데이터만 비교했을 뿐인데, 100명분, 좀 더 일반적으로 n명분을 비교해보자. 이제 그림을 그려서 각도기로 측정하는 것은 불가능하니 위의 식을 일반화한다. 즉 n개의 데이터에 대해 그 데이터의 각도를 비교하면

$$\cos\theta = \frac{\sum\limits_{i=1}^{n}(x_i - \bar{x})(y_i - \bar{y})}{\sqrt{\sum\limits_{i=1}^{n}(x_i - \bar{x})^2}\sqrt{\sum\limits_{i=1}^{n}(y_i - \bar{y})^2}}$$

이런 식의 분자, 분모를 살펴보자. 우선 분모는 각각의 데이터에 대한 표준편차의 곱. 분자는 두 데이터의 공분산이다. 즉 두 개의 벡터가 이루는 각(의 코사인)이 두 변량의 상관계수라 불리는 양이 되는 것이다.

[제5장 정리] 벡터를 사용해서 말하기·쓰기

- 벡터는 얼핏 보기에 전혀 다른 두 가지 관점을 가질 수 있다. 하나는 수의 조합, 다른 하나는 화살표다.
- 여러 종류의 데이터를 모아 조합하면 하나의 대상을 다수의 시점으로, 다면적으로 볼 수 있다.
- 도형으로서의 벡터는 방향과 길이(크기)를 가지는 화살표로 정해진다. 그에 따라 데이터의 조합에 담긴 의미를 도형으로 생각할 수 있다.
- 한쪽에만 도움이 되는 일은 있지만, 그것을 양면에서 바라보면 대상의 특징을 더 명확하게 파악할 수 있다.
- 레이더 차트는 이런 두 가지 관점을 통합한 유용한 표현이다.

제
6
장

확
률

시원하게 풀리지 않는 수학?

야마모토

동일하게 있음직하다는 설명

수학 중에서도 확률은 여러모로 마음에 걸리는 것이 많다. 물론 기본적인 생각은 알고 있다. 동전을 던지면 앞뒤 중 한쪽이 나올 확률은 $\frac{1}{2}$ 이고, 주사위를 굴릴 때 각각의 눈이 나올 확률은 $\frac{1}{6}$ 이라고 들으면 고개가 끄덕여진다. 그렇다면 어디서 걸리는 것일까?

우리가 친숙하게 매일 듣고 있는 '강수 확률'을 생각하면 사람에 따라서 꽤 여러 가지 해석이 나온다.

그러면 원래 확률이라고 하는 개념은 어떻게 배웠을까? 일단 중학교 2학년 때 배운다. 교과서를 다시 읽다 보니 착각에 빠질 만한 함정을 볼 수 있었다.

확률이 무엇인지 생각할 때는 먼저 주사위나 동전을 던져 그 결과를 고찰하는 것으로 시작한다. 그리고 그 결과를 기록하면서 깨달음을 느끼게 하는 흐름이다. 당연히 횟수를 거듭할수록 일정한 숫자로 수렴해간다. 다만 계속 실험할 수는 없기 때문에 이런 생각이 든다.

실험 없이 확률을 구하는 방법을 생각하자

그리고 이후의 설명은 매우 간단하다. 올바르게 만들어진 주사위는 1에서 6까지 어떤 눈도 비슷하게 나올 것으로 기대되기 때문에 1에서 6까지의 어떤 눈이 나오는 일이 '동일하게 있음직하다'는 설명이 나온다.

그리고 '주사위에서 홀수의 눈이 나올 확률은?', '52장의 트럼프 카드에서 한 장을 뽑았을 때 스페이드가 나올 확률은?'이라고 하는 식으로 이야기가 전개되어 간다.

이 흐름을 듣고 어떤 생각이 들었는가?

1. 일단 실험에 따라 현상을 파악한다
2. 그다음에 이론적인 관점에서 확률을 생각한다

이런 두 단계의 구조로 된 것이다. 그리고 이 두 개의 시점이 확률을 이해하는 데에 알쏭달쏭한 점이 될 듯하다.

확률은 현실일까, 이론일까?

주사위 던지기나 동전 던지기는 현실에서 일어나는 일이다. 반면 이론적으로 '있음직한' 것은 머릿속에서 생각한 수치다. 이 현실과 이론 사이에 약간의 틈이 있어 보인다. 이는 교과서에 꼭 실려 있는 문제에서 드러난다.

1개의 동전을 3번 연속 던지는 실험을 했더니 두 번 연속 앞면이 나왔기 때문에 3번째는 앞면이 나올 확률보다 뒷면이 나올 확률이 더 크다.

이것이 과연 옳은가? 의문이 생긴다. 사실 틀렸음을 바로 알 수 있다. 앞면과 뒷면일 확률은 매번 $\frac{1}{2}$이다. 그렇게 생각하고 대답했다고 해도 어딘가 찜찜함이 남지 않는가?

실제로 동전을 던져보는 중학생이 있다고 해도 이상하지 않을 것이다. 만약 현실에서 그런 일이 일어난다면 어른은 어떻게 설명할 것인가?

'내기'의 상황을 예상하면 알기 쉽다. 주사위는 상관없지만, 1번마다 확률이 독립적이라고 해도 이전까지의 결과에 구애받지 않고 내기를 할 수 있을까?

이런 이야기를 하는 데에는 이유가 있다. 확률에 대한 해설서, 그것도 학생용이 아닌 일반용으로 알기 쉽게 도해로 쓴 책을 보고 있으면 깨닫는 바가 있다. 모두 미래를 알고 싶어 한다는 것이다. 구체적으로 말하자면 돈과 관련된 것이다. 경마 등의 내기나 복권 얘기가 많이 등장한다. 미래를 알고 싶다는 소망은 누구에게나 있고, 금전이 관련되면 당연히 니즈가 높아진다.

확률 연구의 역사 이야기에도 내기에 관련된 경우가 많다. 갈릴레오 갈릴레이가 나오는 다음과 같은 에피소드가 소개되고 있다.

많은 사람이 주사위 3개의 눈의 합이 9가 되는 경우를 6가지, 10이 되는 경우도 6가지 있기 때문에 어느 쪽에 걸어도 유리하며 불리함이 없다고 생각한다. …… 내기를 하는 사람들은 경험적으로 눈의 합이 9보다 10이 되는 경우가 조금 많다고 느낀다.

이 경험으로 티득한 법칙에 대해 갈릴레오는 명쾌한 설명을 했다고 한다. 생각하면 알 수 있지만, 6×6×6=216가지의 모든 패턴을 조사하면 된다.

그럼 우리는 확률이라는 사고에 대해 어떻게 마주하면 될까?

확률에는 할당이 필요할까?

참고로 '주사위를 던졌을 때에 각각의 눈이 나올 확률은 $\frac{1}{6}$'이라는 이론적인 확률론은 고등학교에 가면 한층 복잡해진다. 바로 '순열·조합' 사고다.

한편으로 실제 주사위를 던져본다는 현실 세계의 분석은 통계적인 추측이라는 주제가 되어 더욱 복잡해진다. 정규분포, 이항분포, 표준편차 등을 배우는 것이다.

그리고 실제 사회에서는 더 복잡하고 많은 데이터로 예측을 실시하고 있다. 그중에서도 친숙한 것이 앞서 말한 강수 확률이 아닐까?

이것도 의외로 오해하는 경우가 많아서, 강수확률 70%를 '그 지역의 70%에서 비가 온다'라거나 '예보된 시간대의 70%가 비'라고 생각하기도 한다.

사실 이것도 분명 중학교 교과서에 나와 있다.

"70%의 예보가 100번 나왔을 때 그중 약 70번은 1mm 이상의 강수가 내린다."

이것이 '강수확률 70%'의 뜻이다. 즉 강수확률은 과거의 데이터로부터 유사한 상황을 토대로 시뮬레이션한 것이다.

어디까지나 머릿속에서 정연하게 대답이 도출되는 '확률'이 있는 한편,

현실을 분석한 다음 장래의 가능성을 읽는 '확률'도 있다.

인간은 미래를 몹시 궁금해한다. 그래서 동전을 던졌을 때 앞뒤가 나올 확률이 매번 $\frac{1}{2}$임을 알고 있어도, 실제 내기에서 그 사실을 바탕으로 행동한다고 단정할 수 없다. 그리고 대부분의 예상을 뒤엎고 성공한 경험이 있으면 그 강렬한 기억에 지배되기도 한다. 모의고사 결과에서 입시에 통과할 확률을 보고, 압도적으로 어렵다고 생각했는데 성공하는 경우도 그런 예일 것이다.

물론 그 반대도 있다. 확률로 그럴 줄 알았다고 해도 사람은 그렇게 행동한다고 단정할 수 없다. 그래서 확률을 신용할 수 없다고 하는 사람도 있다.

그렇다면 우리는 확률과 어떻게 접해야 할까? 이것은 다른 수학과는 조금 달리 실생활에서 오는 절박감도 강하다고 생각된다.

그러고 보니 확률의 설명에서 궁금했던 것이 있다. 주사위의 눈이 나올 확률을 '동일하게 있음직하다'고 정의하지 않았던가? 확답해야 할 수학에서 '있음직하다'는 모호한 설명은 어디서 오는 것일까?

아무래도 그런 부분에서 확률에 향하는 알쏭달쏭함이 이어지는 듯하다.

미래를 알고 싶다

소부카와

그 수치는 어디에서 나오는가?

누구나 미래를 알고 싶은 마음이 있겠지만, 안타깝게도 타임머신은 개발되지 않았다. 미래를 예측하는 시도는 태곳적부터 있었지만, 그 태반은 괴이한 시도에 그쳤다. 과연 확실하게 파악할 수 있는 방법은 없을까?

이 물음에 대한 하나의 답은 다음이다.

현재 상태는 미래에 일어날 여러 사례를 포함하고 있다

얼마나 무책임한 말인가? 하지만 반드시 그렇다고는 할 수 없다. 알기 쉬운 구체적인 예를 들어 생각해 보자.

예1 1에서 6까지의 눈이 그려진 주사위를 던지면 어떤 눈이 나올까?

많은 사람이 바로 '확률 $\frac{1}{6}$'이라는 이야기를 시작한다. 하지만 아직 주사위는 던지지 않았다. 따라서 여러 가능성이 있다.

- 1의 눈이 나온다
- 2의 눈이 나온다

- 3의 눈이 나온다

- 4의 눈이 나온다

- 5의 눈이 나온다

- 6의 눈이 나온다

이것뿐일까? 어쩌면 무거운 주사위를 부드러운 점토판 위에 던져서 주사위가 모서리로 설지도 모른다. 반대로 6의 면 바로 아래에 추가 들어 있어서 아무리 던져도 1만 나올 수도 있다. 현재 상태에서 그런 모든 경우를 고려해서 그 발생의 용이성의 비율을 나타낸 수치를 '확률'이라고 부르기로 한다.

몇 가지 있는 '경우'에 대해 각각 이 수치를 부여한 전체를 '확률분포'라고 부른다. 예를 들어 부드러운 점토판 위에 무거운 주사위를 던질 때 일어나는 비율은 다음과 같을 수도 있다.

1의 눈	2의 눈	3의 눈	4의 눈	5의 눈	6의 눈	정점으로 선다	변으로 선다
10%	10%	10%	10%	10%	10%	25%	15%

여기에서는 %(백분율=전체를 100으로 했을 때의 비율)를 이용해 나타냈는데, 수학에서 확률은 전체를 1로 생각한다.

단단한 평면에 공평한 주사위를 던질 때 일어나는 비율은 다음과 같다.

1의 눈	2의 눈	3의 눈	4의 눈	5의 눈	6의 눈
$\frac{1}{6}$	$\frac{1}{6}$	$\frac{1}{6}$	$\frac{1}{6}$	$\frac{1}{6}$	$\frac{1}{6}$

6의 눈 바로 밑에 추가 들어간 불공평한 주사위를 던질 때 일어나는 비

율은 다음과 같을 수 있다.

1의 눈	2의 눈	3의 눈	4의 눈	5의 눈	6의 눈
$\dfrac{5}{6}$	$\dfrac{1}{48}$	$\dfrac{1}{48}$	$\dfrac{1}{48}$	$\dfrac{1}{48}$	$\dfrac{1}{12}$

그런데 상당히 모호하게 쓰여 있는 것을 눈치챘는가? 문제는 이것이다.

이 수치는 어디에서 나왔는가?

앞으로 일어날 일은 그 가능성을 모른다. 그러면 어떻게 그것을 생각했을까?

확률의 값을 결정하려면 크게 두 가지 방법이 있다고 할 수 있다.

[확률을 정하는 법1] 과거를 통해 배운다

대강 말하자면, 통계적인 확률이라고 불러야 할지도 모른다. 이 중에서도 크게 두 가지 방법이 있다.

- 과거의 데이터를 사용한다

강수확률의 산정이 그 전형적인 예다.

지금까지 현재와 같은 상황일 때
그 일이 일어난 비율을 조사한다.

계절, 기온, 습도, 기압, 일기도 등이 현재와 같은 상태였을 때 그다음에 1mm(밀리미터) 이상 비가 내린 적이 몇 번인가? 완전히 같다고 할 수 있는 상황은 없겠지만, 무엇을 '같다'고 말할 수 있는지는 기상학의 문제다. 어쨌든 그 비율이 현재에서 미래를 보는 관점이다.

- 실험해본다

주사위 굴리는 법은 정확히 모르겠지만, 부드러운 점토판 위에서 굴렸을 때 어떻게 될까? 그래서 실험을 해보는 것이다. 100번이든 1000번이든 해보고, 일어난 비율에서 앞으로도 그렇게 된다고 보는 방법이다. 몇 번을 해야 충분한지는 어려운 문제이고, 그것에 관해서는 통계학을 조금 공부해야 한다.

[확률을 정하는 법2] 이론적으로 도출한다

현상을 보고 산출하는 방법이다. 예를 들어 입방체의 주사위로 무게나 형태가 치우침이 없어 모서리로 서는 상황을 생각할 수 없다고 하자. 그렇다면 가능성은 6가지이고, 더구나 그 가능성은 모두 동일하게 있음직하다. 이때는 전부 $\frac{1}{6}$씩 같은 비율로 나온다고 하는 것이 타당하다.

고등학교 때까지 배우는 '확률'을 떠올리는 사람은 바로 "순열·조합인가요?"라고 말한다. 확률은 순열·조합은 아니지만, 그 계산 방법에서

1. 일어날 수 있는 경우는 모두 몇 가지인가?
2. 대상으로 하는 경우(사건)는 몇 가지 있는가?
3. 그것은 전부 똑같이 일어날 수 있는가?

이런 것을 조사해 그 비율을 산출하기 때문에 경우의 수를 세는 단계에서 순열·조합의 사고가 유용해진다.

'전부 똑같이 일어날 수 있다'는 것을 교과서에서는 '동일하게 있음직하다'라고 표현한다. 이것이 등한시되는 일이 많아 문제가 일어난다. 다음의 유명한 문제를 예로 들어보자.

예2 2개의 공평한 주사위를 던졌을 때 나오는 눈의 합은 어떻게 될까?

당연히 최소는 2, 최대는 12, 가능성은 11가지다.

그렇다면 합의 확률분포가 다음과 같다고 해도 될까?

2	3	4	5	6	7	8	9	10	11	12
$\frac{1}{11}$	$\frac{1}{11}$	$\frac{1}{11}$	$\frac{1}{11}$	$\frac{1}{11}$	$\frac{1}{11}$	$\frac{1}{11}$	$\frac{1}{11}$	$\frac{1}{11}$	$\frac{1}{11}$	$\frac{1}{11}$

예를 들어 합이 2가 되는 것은 둘 다 1이 될 때 한쪽이 $\frac{1}{6}$, 다른 한쪽도 $\frac{1}{6}$이므로 그 확률은 $\frac{1}{36}$이라고 봐야 하지 않을까? 즉 이런 11가지의 경우, 어느 것도 동일하게 있음직하지 않은 것이다.

실험을 해보면 7 정도 되는 일이 가장 많을 것이다.

이를 틀리지 않고 생각하기 위해 예를 들어 두 개의 주사위 중 하나는 아라비아숫자로, 다른 하나는 한문숫자로 눈이 쓰여 있다면 이해하기 쉽다. 이때 2개의 주사위는 모두 공평하기 때문에

1 一	1 二	1 三	1 四	1 五	1 六
2 一	2 二	2 三	2 四	2 五	2 六
3 一	3 二	3 三	3 四	3 五	3 六
4 一	4 二	4 三	4 四	4 五	4 六
5 一	5 二	5 三	5 四	5 五	5 六
6 一	6 二	6 三	6 四	6 五	6 六

이런 36가지는 모두 동일하게 있음직하다고 생각해도 된다.

따라서 2개의 합에 대해서 말한다면

2	3	4	5	6	7	8	9	10	11	12
$\frac{1}{36}$	$\frac{1}{18}$	$\frac{1}{12}$	$\frac{1}{9}$	$\frac{5}{36}$	$\frac{1}{6}$	$\frac{5}{36}$	$\frac{1}{9}$	$\frac{1}{12}$	$\frac{1}{18}$	$\frac{1}{36}$

이런 확률분포가 된다고 보는 것이 타당하다.

근원사건과 확률공간

이제 좀 더 깊이 들어가 보자. 일어날 수 있는 일을 '사건'이라고 부른다. 예를 들어 예2에서는 다음이 해당한다.

나온 눈의 합이 7이다, 나온 눈의 합이 짝수다

여기에서 좀 더 깊게 생각해 본다. 단순히 주사위를 두 개 던지는 것으로는

나온 눈의 차이가 2이다, 나온 눈이 모두 짝수다

이런 사건을 생각하는 일도 가능하다.

그렇게 되면 '합이 2에서 12'라는 관점으로는 불충분하고, 36가지의 경우를 생각할 필요가 생긴다. 이렇게 해서 어떤 사건을 파악하고 확률분포를 생각하는지가 중요해진다.

그러면 '어디에서나 사용할 수 있는 만능 도구인 수학'을 구축해보자.

더 이상 세분할 수 없는 사건을 '근원사건'이라고 부른다. 문제를 생각하는 데에 필요하다면 가능한 한 세밀하게 하는 편이 좋을 수 있는데, 필요에 따라 생각하면 된다. 이 예로 말하자면

두 주사위의 움직임이 멈췄을 때
최종적으로 2cm 이내의 거리에 있다/없다

이런 것은 나누는 편이 좋을 수도 있고, 나누지 않는 편이 좋을지 모른다.

이때 생각하는 근원사건 전체의 집합을 '확률공간'이라고 부른다.

확률공간의 부분 집합을 '사건'이라고 부른다. 이에 대하여 확률(분포)이란 각 사건에 수를 대응시키는 것으로

1. 그 수는 0이상 1이하다
2. 확률공간 전체(전사건이라고도 부른다)에는 1을 대응시킨다[1]
3. 동시에 일어날 수 없는(서로 공통부분을 가지지 않는) 두 사건에 대해 합집합으로 얻을 수 있는 사건의 확률은 각 사건의 확률의 합이 된다[2]

이런 성질을 지닌다고 한다.

'만능 도구 수학'의 입장에서는 이것이 성립되는 것은 무엇이든 확률분포라고 본다. 다양한 확률 공간이 있지만, 문제에 맞게 편리한 확률공간을 각각 생각한다.

사건에는 하나의 요소만 포함될 수도 있고 무한개의 요소가 포함되어 있을 수도 있다. 또한

예3 비스듬히 세팅된 피칭머신에서 던진 공은 어디까지 날아갈까?

이런 문제에서 '딱 30m'가 될 확률은 0이라고 보는 것이 타당하다. 29.999m 이상 30.001m 이하인 사건이라면 0이 아닐 확률이 있을지도 모른다.[3]

확률변수와 기댓값, 분산/표준편차

확률 이야기는 아무래도 내기에 관련된 이야기가 되는 경향이 있으니 이해를 바란다. 다음과 같은 예를 생각해 보자.

예4 공평한 2개의 주사위를 던진다.

두 눈이 일치하면 상금 3만 원을 받을 수 있다.

---

1) 논의의 번잡함을 피하기 위해 본 책에서는 공사건을 언급하지 않는다.
2) 본래는 가산무한개의 합을 생각하지만, 여기에서는 엄밀성을 희생해서 유한 가법적인 관점에만 그친다.
3) 그렇지 않으면 30.001m, 30.0014m, 30.00254m로 세분화 했을 때 전체의 합이 1보다 커진다.

물론 그 게임을 해보기 전의 시점에서 생각하는 것이다.

'1一'이 될 확률(비율)은 $\frac{1}{36}$. 그런 눈이 나올지는 모른다. 그렇지만 현재 상태에서 1번 던지면 만큼 '1一'이 나온다고 생각하면 이미 $30000 \times \frac{1}{36}$원은 받고 있다고 본다. '2二', '3三', '4四', '5五', '6六'도 마찬가지로, 게임을 시작하기 전에는 전부 합해서 $30000 \times \frac{1}{36} \times 6$원을 받을 수 있다고 봐도 무방하다. 물론 실제로 게임을 해보면 그 상황은 무너져서 0원일 수도 있고, 3만 원일 수도 있다. 이처럼 미래에 기대할 수 있는 어느 정도의 값(상금)을 기댓값이라고 한다.[4]

이 경우에서 36개의 근원사건이 있는 확률공간의 각 사건에 상금의 액수 X가 대응한다. 즉 다음과 같다.

$$X(1一) = X(2二) = X(3三) = X(4四) = X(5五) = X(6六) = 30000$$
$$X(1二) = X(1三) = \cdots = X(6五) = 0$$

이런 확률공간의 함수를 '확률변수'라고 한다. 그리고 이 확률변수 X에 대한 기댓값E(X)가 5000이라고 한다.

$$\text{기댓값} = \sum (\text{확률변수의 값}) \times (\text{그 값을 취하는 확률})$$

다음으로 같은 내기라도 좀 더 순한 복권을 생각해 보자. 조금 극단적인 복권을 몇 종류 생각해 보겠다.

예5 1장에 100원짜리 복권A. 1000만 장 판매한다.

1등은 1억 원, 5장으로 당첨은 그것뿐이다.

이때의 기댓값은 얼마가 될지 간단히 계산할 수 있다.

예6 1장에 100원짜리 복권B. 1000만 장 판매한다.

일의 자리가 맞으면 당첨금은 500천원. 당첨은 그것뿐이다.

어느 쪽이 사람들에게 매력이 있을까? 판정하는 데 기댓값의 개념은 도움이 될 것이다. 그런데 유감스럽게도 어느 쪽이든 100원 복권 한 장의 기댓값은 500원이다.

그렇다면 다음과 같은 복권도 기댓값이라는 관점에서 보면 같다고 말할 수 있다.

예7 1장에 100원짜리 복권C. 1000만장 판매한다.

모든 복권이 당첨되며, 당첨금은 50원이다.

이대로는 너무 매력이 없다.

이처럼 기댓값이 같아도 설레는 정도가 다를 때 그것을 나타내는 척도로 도움이 될 만한 것이 제5장에서도 말한 '편차'다. 식으로 쓰면 다음과 같다.

---

4) 모은 데이터에 대한 '평균값'이라는 개념이 있다. 계산방법은 이 기댓값과 같아 보이지만 이미 얻은 데이터에 대해서는 평균값, 확률변수에 대한 것은 기댓값이라고 부른다.

$$(확률변수의 값) - (기댓값)$$

이것이 플러스면 '승리', 마이너스면 '패배'이고, 그 크기가 승패의 크기가 된다.

이것을 이대로 평균하면 플러스 마이너스 상쇄가 되어 0이 된다. 그래서 부호를 없애는, 즉 편차의 절대치를 취해 기댓값을 취한다. 그 값을 '평균편차'라고 한다. 식으로 쓰면 다음과 같다.

$$평균편차 = \sum |편차| \times (그 값을 취하는 확률)$$

이 값이 크다는 것은 기댓값에서 벗어난다. 즉 값의 분산이 크다. 내기의 경우로 말하자면 도박성이 높다는 것이다.

3종류의 복권에 대해서 이것을 계산해보자. 어떤 복권도 당첨과 꽝 두 가지밖에 없기 때문에 매우 간단하다. 소수 이하는 반올림한다.

$$복권 A : |1억 - 50| \times \frac{5}{1000만}$$

$$+ |0 - 50| \times \frac{9,999,995}{1000만} \fallingdotseq 100$$

$$복권 B : |500 - 50| \times \frac{100만}{1000만}$$

$$+ |0 - 50| \times \frac{900만}{1000만} = 90$$

$$복권 C : |50 - 50| \times \frac{1000만}{1000만} = 0$$

이것을 비교해보면 복권C가 재미없음은 잘 알겠지만, 복권A와 복권B의 차이도 별로 크지 않은 듯해 감이 잡히지 않을지도 모른다.

마찬가지로 편차의 플러스 마이너스를 상쇄하지 않도록 하기 위해 제곱하는 방법이 자주 사용된다. 이것은 '분산'이라는 양이 된다.

$$분산 = \Sigma(편차)^2 \times (그 \text{ 값을 취하는 확률})$$

이것도 분산의 크기를 나타내는 값이 된다.

다만 이것은 제곱한 세계이므로 이 값의 제곱근을 취한 것도 생각한다. '표준편차'라고 한다.

$$표준편차 = \sqrt{분산} = \sqrt{\Sigma \left(편차 \right)^2 \times \left(\text{ 그 값을 취하는 확률 } \right)}$$

똑같이 계산해보자. 이쪽도 소수 이하는 반올림이다.

복권A: $\sqrt{(1억 - 50)^2 \times \dfrac{5}{1000만} + (0-50)^2 \times \dfrac{9,999,995}{1000만}} \fallingdotseq 70711$

복권B: $\sqrt{(500-50)^2 \times \dfrac{100만}{1000만} + (0-50)^2 \times \dfrac{900만}{1000만}} = 150$

복권C: $\sqrt{(50-50)^2 \times \dfrac{1000만}{1000만}} = 0$

이 정도 차이가 나면 설렘이 표현되고 있다는 생각이 들지 않는가?

여기에서는 자세히 설명하지 않지만, 깊이 검토해보면 이 분산 및 표준편차가 더욱 다양한 정보를 가져온다는 것을 알 수 있다.

[제6장 정리] 확률을 사용해서 말하기·쓰기

- 확률은 어디까지나 수학적으로 생각된 '미래에 대한 가능성'이며 예상되는 일의 확률이 높다고 해도 그대로 된다고 할 수 없다.

- 수학을 배우면서 확률은 '이단'이라고 느끼는 것은 자연스럽다고 할 수 있다. 확률에서 미래는 언제나 불확실하기 때문이다.

- 수학에 기대하는 것이 천체의 운행 같은 하나의 정답이라면 확률은 애초에 그 기대에 부응할 수 없다.

- 확률을 머리로 이해한다고 해도 낮은 확률의 행동을 하는 사람이 있고, 성공하는 경우도 있다. 당연히 성공 확률이 높은 행동을 해도 실패하는 사람이 있다.

- 확률의 문제는 아직 보지 못한 일의 가능성을 생각하는 것이기도 하고, 그 고찰은 각각의 세계관을 묻는 일이 된다. 철학의 세계에서도 확률은 중요한 주제로 다뤄지고 있는데, 관심 있는 사람은 관련 서적을 참고해보기 바란다.

Column

인간의 감정이 영향을 줄 확률

야마모토

확률은 좌절하는 사람이 많은 분야일 것이다. 수학은 일상적인 쓰임새를 보면 시간 축, 즉 시간의 경과에 따라 어떻게 변하는지를 생각하는 일이 많다. 이자를 계산하는 수열이나 증가하는 큰 숫자를 다루기 쉽게 하는 로그는 일단 식을 만들면 x의 경우에 y가 된다는 답이 나온다.

확률은 그렇지 않다. 이럴 가능성도 있고, 저럴 가능성도 있다는 이야기가 나온다. 지금까지 배워온 수학과는 조금 다르게 어딘가 모호하고 특수한 느낌이 든다.

하지만 현실 세계에서 접할 기회가 많다. 강수확률은 물론 지진이 발생할 확률, 5년 후 생존률, 지망하는 학교에 합격할 확률 등은 많이 봐왔을 것이다.

예를 들어 합격률 20%라는 숫자는 '비슷한 성적의 수험생 10명 중 2명이 합격한다'는 의미인데, 그것을 보고 '합격할지도 모르니까 노력한다', '가망성이 낮으니까 포기한다', '운에 맡길 수밖에 없다'라는 인간의 감정이 생기기도 한다. 이 외에도 도박이나 복권의 공략법에도 확률이 쓰인다.

확률에는 인간의 감정적인 부분이 영향을 주는 듯하다. '미래를 알고 싶다. 하지만 100%는 알고 싶지 않은 마음도 있다'라는 인간의 불가사의한 점을 자극하는 것이다.

확률이 100%이거나 0%인 경우는 거의 없다. 'A가 될 가능성도 있다', 'A가 되지 않을 가능성도 있다'라는 것을 알려준다. 미래관이라고 해도 좋을지 모르겠지만, 미래에는 다양한 가능성이 있음을 확률이 가르쳐 준다는 인상을 이 책의 집필 중에 강하게 느꼈다.

실제로 일어나지 않은 일을 논하는 확률

소부카와

확률을 배울 때는 주사위의 이야기가 나온다. 1부터 6까지 각각의 숫자가 나올 확률은? 아니면 짝수의 눈이 나올 확률은? 홀수의 눈이 나올 확률은? 실제로 100번을 던지면 대부분 각각 확률이 나온다. 실제로 해보는 것을 '시행'이라고 하는데, 일종의 실험·관찰이다. 그것을 하지 않고 계산하자는 것이 학교에서 배우는 확률이다. 실제로 일어나지 않은 일을 논하는 분야다.

조금 과한 표현일 수도 있는데, 확률은 양자 역학의 관점을 갖추고 있다고 한다. 원자나 전자 등 매우 작은 것을 눈으로 본 순간, 즉 빛에 닿으면 상황이 바뀐다. 그래서 관찰하려 해도 안 된다. 물리학인데 관찰할 수 없는 것을 생각하는 신의 조화 같은 일이 양자역학이다.

확률도 현실에 아직 일어나지 않은 일을 생각한다는 점에서 공통점이 있는 셈이다. 참고로 지망하는 학교에 합격할 확률이 20%라는 숫자를 본 수험생이 이대로는 불합격임을 깨닫고, 공부에 매진해서 성적이 올라 합격률이 바뀌는 일이 있다. 그런 성격이 있는 분야이기 때문에 수학 연구자 사이에서도 확률을 놓고 자주 논의가 일어나며, 확률 이야기를 신용할 수 없다고 느끼는 사람도 많다. 실제로 일어나지 않은 일을 논하는 것이기 때문에 야마모토의 말처럼 인간의 소망이나 욕구라는 감정적인 부분이 관련된 학문이라고 해도 좋을지 모른다.

제
7
장

행
렬

그것이 규칙이라고
외우는 수밖에 없을까?

야마모토

고등학교에서 배우지 않게 된 행렬과 친숙한 엑셀

누구나 보는 표현이지만, 본질을 알기 어려운 말이 있다. 이번 주제인 '행렬'도 그중 하나일 것이다. 단순히 행렬이라는 단어에서 연상되는 것은 인기가 많은 식당에 사람이 줄 서는 모습일 것이다. 행렬이라고 했을 때 이런 식을 떠올리는 사람이 얼마나 있을까?

$$A = \begin{pmatrix} 2 & 3 & 4 \\ 1 & 0 & 1 \end{pmatrix} \qquad B = \begin{pmatrix} 6 & 1 \\ 0 & 3 \\ 2 & 1 \end{pmatrix}$$

이런 식을 '행렬'로 고등학교에서 2011년까지 가르쳤고, 이과를 지방하는 학생을 대상으로 했다. 그러나 1990년대 초반까지는 문과 계열 학생들도 배울 기회가 있었다.(한국에서는 2014년 고1부터 적용된 2009년 개정 교육과정에서 행렬이 보통교과에서 삭제되었다-역주) 따라서 이런 식을 보고 행렬임을 아는 사람은 일정 연령 이상일 가능성이 크다.

하지만 많은 사람들이 '행렬'이라는 말을 들으면 이런 숫자의 나열을 떠올리지 않을까? 바로 엑셀과 같은 표계산 소프트웨어로 자주 보고 있기 때문이다. 엑셀로 신규 시트를 만들 때 위에서 아래로 1, 2, 3…이라고 들어 있는 가로 방향의 흐름이 '행'이다. 그리고 왼쪽부터 오른쪽으로 A, B, C…

라고 들어 있는 세로 방향의 흐름이 '열'이다. 그리고 앞에 나온 행렬 A, B
도 마찬가지로 가로가 행이고 세로가 열이다.

A의 행렬은 2행 3열이고 B는 3행 2열이다. 고등학교 시절에 행렬을 배
운 사람이라면 기억이 날 것이다. 또한 특별히 배우고 않아도 표계산 소프
트웨어를 사용하고 있는 사람이라면 수긍할 것이다.

행렬은 영어로 matrix라고 한다. 이것도 가로세로로 이루어진 표를 일
반적으로 '매트릭스'라고 부르고 있어 친숙하다. 그래서 행렬식을 보더라
도 그 자체는 별로 어려울 것 같은 느낌이 들지 않는다. 하지만 행렬은 파
고들면 들수록 깊고 강해진다.

행렬을 일단 더해본다

예전 고등학교 교과서를 보면서 행렬을 어떻게 배워왔는지 돌이켜보자.

우선 행렬의 정의는 아주 간단하다. 앞서 말한 것처럼 "몇 개의 수를 직사
각형 모양으로 배열한 것을 행렬이라고 한다."라고 나와 있다.

참고로 이 행렬의 정의에는 '벡터'가 얼굴을 내민다. 1행으로 이루어진
벡터, 즉 숫자의 가로 배열을 행벡터라고 한다. 4개의 숫자가 다음과 같이
나열되어 있다고 하자.

$$(5 \quad -3 \quad \sqrt{7} \quad 19)$$

이것은, 1×4형의 4차원 행벡터라고 한다. 그러면 세로 1열은 열벡터다.

$$\begin{pmatrix} 5 \\ -3 \\ \sqrt{7} \\ 19 \end{pmatrix}$$

이것은 4×1형의 4차원 열벡터가 된다. 행과 열, 각각의 방향을 향해 벡터가 작용하는 이미지로 파악하면 된다.

그리고 행렬의 덧셈·뺄셈을 생각해 보자. 다만 앞에 쓴 A와 B의 행렬은 더할 수 없다. 행렬의 합인 A+B는 'A와 B가 같은 형일 경우에만 정의된다'라고 나와 있다.

2행 3열과 3행 2열인 행렬의 합은 구할 수 없다. 그렇다면 아래와 같은 경우에만 덧셈이 성립된다.

$$A = \begin{pmatrix} 1 & -2 \\ 3 & 2 \end{pmatrix} \qquad B = \begin{pmatrix} 3 & 1 \\ 0 & 4 \end{pmatrix}$$

A와 B의 합은 각각 같은 장소의 수를 더하면 된다. 이것도 직감적으로 알 수 있을 것이다. 답은 $\begin{pmatrix} 4 & -1 \\ 3 & 6 \end{pmatrix}$이 된다. 뺄셈은 이것이 거꾸로 되므로 A와 B의 차는 $\begin{pmatrix} -2 & -3 \\ 3 & -2 \end{pmatrix}$가 된다.

여기까지 행렬에 막히는 사람은 거의 없을 것이다. 예제에 나오는 계산 자체는 초등학생도 할 수 있다. 이는 미분적분 같은 미지의 개념이나 기호가 갑자기 나오는 것에 비하면 충격이 덜하다.

다음으로 행렬을 곱한다

그렇다면 행렬의 곱셈을 생각하면 어떨까? '행렬의 곱'을 생각할 때쯤부터 이야기는 점점 수학적이 되어 간다.

우선 행렬 자체에 실수를 곱할 수는 있다. 이것은 매우 간단해서, A의 행렬을 3배로 한다면 $\begin{pmatrix} 3 & -6 \\ 9 & 6 \end{pmatrix}$이 된다. 각각의 숫자를 3배로 하면 된다.

그렇다면 행렬끼리 곱하면 어떻게 될까? 사실 이때부터 행렬의 깊이가 느껴짐과 동시에 알쏭달쏭한 점도 나온다. 행렬의 곱셈은 어떻게 해야 할까?

먼저 예제로 설명될 만한 것은 다음과 같은 두 행렬의 곱셈이다.

$$A = \begin{pmatrix} 2 & 3 \\ 1 & 0 \end{pmatrix} \qquad B = \begin{pmatrix} 6 & 1 \\ 2 & 1 \end{pmatrix}$$

결론을 먼저 쓰자면 답은 이렇다.

$$AB = \begin{pmatrix} 18 & 5 \\ 6 & 1 \end{pmatrix}$$

이는 공식을 알고 있으면 어려운 계산이 아니다. 굳이 이런 식을 쓰지 않고 설명하자면

A의 왼쪽 상단 2×B의 왼쪽 상단 6=12
A의 오른쪽 상단 3×B의 왼쪽 하단 2= 6

이렇게 2개의 숫자를 더하는, 즉 12+6=18가 된다. 이것은 A의 제1행벡터와 B의 제1열벡터의 곱이라고 설명되고 있다.

물론 실제 텍스트에서는 이렇게 답답하게 쓰지는 않는다. 그 수식은 물론 뒤에 설명한다. 그리고 외우면 풀 수 있다.

다만 '그런 것'이라고 기억할 수는 있어도 행렬의 의미는 잘 모르고 지나

간 기억이 있다. 게다가 행렬A와 행렬B의 곱은 'A의 열의 개수와 B의 행의 개수가 일치하는 경우에만 정의된다'고 되어 있다. 다만 그 이유는 적혀 있지 않다.

행렬은 지금 되돌아 봐도 그런 모호한 점이 남는데, 실제 사용법을 보면, '아, 그런 거였구나'라고 느끼는 부분도 많다. 다음의 '본모습'을 읽으면 지금 쓴 것처럼 찜찜한 마음도 없어질 것이다.

'A의 열의 개수와 B의 행의 개수가 일치하는 경우만'이라는 정의도 실제로는 '그렇게 될 때가 아니면 곱해도 의미가 없다'고 생각할 수 있다.

이제 일단 교과서의 세계로부터 멀어져 실천적인 시점을 섞어 행렬의 '본모습'을 살펴보자.

행렬은 표다

소부카와

2차원적 데이터

4개의 공장에서 제품 1, 2, 3의 4월의 생산량을 생각한다. 이것을 표로 나타내는 것은 자연스러운 일이다.

[도표 7-1] 4개의 공장에서 4월에 생산한 제품 1, 2, 3의 양

	제품1	제품2	제품3
공장1	32	25	17
공장2	16	11	9
공장3	57	0	45
공장4	46	39	20

예시에 따라 '어디에서나 사용할 수 있는 만능 도구인 수학'을 구축하기 위해 이것을 단순히 다음과 같이 나타낸다.[1]

예1
$$\begin{pmatrix} 32 & 25 & 17 \\ 16 & 11 & 9 \\ 57 & 0 & 45 \\ 46 & 39 & 20 \end{pmatrix}$$

이렇게 수를 직사각형 모양으로 나열한 것을 행렬이라고 부른다.[2] 이 예

---

1) 관습으로 각 수치 사이에는 쉼표 등을 쓰지 않고, 틈을 두어 종횡으로 정렬하여 쓴다.

2) 일상용어에서 말하는 음식점 행렬과는 의미가 다르다. 특히 가로줄을 '행', 세로줄을 '열'이라고 한다. 제5장에서 언급한 '행벡터', '열벡터'는 여기에서 온 용어다.

는 4행 3열로 되어 있다. 이것을 행렬의 '형'이라고 한다. 줄여서 4×3형 이라고 부르기도 한다.

행렬은 대개 알파벳 대문자로 쓴다. 특히 이 달의 생산량을 나타내는 행 렬을 P라고 나타내기로 한다. 같은 4개의 공장에서 다음 달 생산량의 데이 터를 생각했을 때 그것을 다시 행렬로 나타낸다.

[도표 7-2] 4개의 공장에서 5월에 생산한 제품 1, 2, 3의 양

	제품1	제품2	제품3
공장1	28	19	33
공장2	12	26	25
공장3	76	0	80
공장4	64	42	37

그 행렬을 Q로 나타내도록 하겠다. 이때 2개의 행렬 P와 Q의 합 개념을 다음과 같이 정하는 것은 자연스럽다.[3]

$$P+Q = \begin{pmatrix} 32 & 25 & 17 \\ 16 & 11 & 9 \\ 57 & 0 & 45 \\ 46 & 39 & 20 \end{pmatrix} + \begin{pmatrix} 28 & 19 & 33 \\ 12 & 26 & 25 \\ 76 & 0 & 80 \\ 64 & 42 & 37 \end{pmatrix} = \begin{pmatrix} 32+28 & 25+19 & 17+33 \\ 16+12 & 11+26 & 9+25 \\ 57+76 & 0+0 & 45+80 \\ 46+64 & 39+42 & 20+37 \end{pmatrix}$$

$$= \begin{pmatrix} 60 & 44 & 50 \\ 28 & 37 & 34 \\ 133 & 0 & 125 \\ 110 & 81 & 57 \end{pmatrix}$$

---

3) 숫자가 많이 나열되어 복잡해 보이지만, 꼭 손으로 베껴 쓰면서 꼼꼼히 보기를 바란다.

벡터의 합에서 짐작이 가지만, 행렬의 합은 같은 형인 것끼리만 할 수 있다. 행렬의 상수배도 비슷하게 정한다.

일반 형태의 행렬을 생각함에 있어

앞에서 나온 것처럼 구체적인 2차원적 데이터를 생각하는 것은 그리 어렵지 않다. 그러나 이것을 '어디에서나 사용할 수 있는 만능 도구인 수학'의 형태로 만들기 위해 조금 일반적인 형태로 표기하는 데 익숙해지자. 다음 행렬을 차례로 살펴보자.[4]

$$\begin{pmatrix} a_{11} & a_{12} & a_{13} \end{pmatrix} \quad \begin{pmatrix} a_{11} & a_{12} & a_{13} \\ a_{21} & a_{22} & a_{23} \end{pmatrix} \quad \begin{pmatrix} a_{11} & a_{12} & a_{13} \\ a_{21} & a_{22} & a_{23} \\ a_{31} & a_{32} & a_{33} \end{pmatrix} \quad \begin{pmatrix} a_{11} & a_{12} & a_{13} \\ a_{21} & a_{22} & a_{23} \\ a_{31} & a_{32} & a_{33} \\ a_{41} & a_{42} & a_{43} \end{pmatrix}$$

문자의 오른쪽 하단에 번호가 2개 달려 있다.

$$a_{23}$$

두 개의 다른 번호에 따라 하나의 글자로 다른 값을 나타내도록, 그리고 문자의 위치를 나타내려고 한다. 이러한 표현을 '이중첨자'라고 한다. 또 일반적인 경우를 생각하기 위해서 다음과 같은 표현을 많이 사용한다.

$$a_{ij}$$

여기서 사용되는 두 첨자는 다음을 나타낸다.

$$i행 \ j열에 \ 있는 \ 데이터는 \ a_{ij} \ 라는 \ 값이다$$

이런 예시를 한번 확인해보자.

예2 $a_{ij}=ij+4i-5j+2$가 성립되는 3×4형 행렬 (a_{ij})은 어떤 행렬일까?

갑자기 이렇게 나오면 꽤 복잡한데, 우선 이 행렬이 어떤 모양을 하고 있는지를 구해보자. i행 j열의 성분이 a_{ij}로 3×4형 행렬, 즉 3행 4열이기 때문에 이 행렬은 다음과 같은 형태다.

$$\begin{pmatrix} a_{11} & a_{12} & a_{13} & a_{14} \\ a_{21} & a_{22} & a_{23} & a_{24} \\ a_{31} & a_{32} & a_{33} & a_{34} \end{pmatrix}$$

그리고 다음과 같이 된다.[5]

$$a_{11}=1\cdot1+4\cdot1-5\cdot1+2=2$$
$$a_{12}=1\cdot2+4\cdot1-5\cdot2+2=-2$$
$$a_{13}=1\cdot3+4\cdot1-5\cdot3+2=-6$$
$$a_{14}=1\cdot4+4\cdot1-5\cdot4+2=-10$$
$$a_{21}=2\cdot1+4\cdot2-5\cdot1+2=7$$
$$a_{22}=2\cdot2+4\cdot2-5\cdot2+2=4$$
$$a_{23}=2\cdot3+4\cdot2-5\cdot3+2=1$$
$$a_{24}=2\cdot4+4\cdot2-5\cdot4+2=-2$$
$$a_{31}=3\cdot1+4\cdot3-5\cdot1+2=12$$
$$a_{32}=3\cdot2+4\cdot3-5\cdot2+2=10$$
$$a_{33}=3\cdot3+4\cdot3-5\cdot3+2=8$$
$$a_{34}=3\cdot4+4\cdot3-5\cdot4+2=6$$

---

4) 얼핏 복잡하지만, 옮겨 적어 보면 그 구조를 알 수 있다.

5) 처음 나왔으므로 다음 계산은 전부가 아니더라도 몇 개는 해서 상황을 파악하자. 계산 자체를 할 필요는 없다. 이 구조만 알아두자. 실제로는 컴퓨터를 사용하면 간단하다.

이 행렬은 다음과 같이 되는 것을 알 수 있다.

$$\begin{pmatrix} 2 & -2 & -6 & -10 \\ 7 & 4 & 1 & -2 \\ 12 & 10 & 8 & 6 \end{pmatrix}$$

행렬은 조작의
표현이다

소부카와

2차원적 데이터

4개의 공장에서 4월에 생산한 제품 1, 2, 3의 생산량 데이터 표를
행렬 P를 사용해서 나타냈다(단위는 t라고 하자).

	제품1	제품2	제품3
공장1	32	25	17
공장2	16	11	9
공장3	57	0	45
공장4	46	39	20

이 표(행렬)는 한 달 동안의 생산 시스템을 나타낸다고 볼 수 있다.

이 3가지 제품에 대해서

제품1의 1t당 이익은 13만 원

제품2의 1t당 이익은 25만 원

제품3의 1t당 이익은 16만 원

이럴 때 각 공장별 생산액이 얼마나 될까? 이 계산은 간단하다. 계산기를

사용하면 금방 될 것이다. 그런데 제품의 가격은 반드시 안정되어 있다고 할 수 없고, 따라서 이익도 고정되어 있다고 단정할 수 없다.

그래서 1t당 이익을 각각 x, y, z(만 원)로 하고, 열벡터 $\mathbf{a} = \begin{pmatrix} x \\ y \\ z \end{pmatrix}$로 나타낸다.[6] 그리고

> 시장가격으로 정해진 1t당 이익이라는 '데이터'에 대해
> 생산 '시스템P'가 회사에 이윤을 가져다준다.

이렇게 보기로 하자.

이로 인해 구할 수 있는 각 공장별 총이익도 열벡터b로 다음과 같이 나타낸다.

$$Pa = \begin{pmatrix} 32 & 25 & 17 \\ 16 & 11 & 9 \\ 57 & 0 & 45 \\ 46 & 39 & 20 \end{pmatrix} \begin{pmatrix} x \\ y \\ z \end{pmatrix} = \begin{pmatrix} 32x + 25y + 17z \\ 16x + 11y + 9z \\ 57x + 0y + 45z \\ 46x + 39y + 20z \end{pmatrix} = \mathbf{b} \qquad (7.1)$$

이를 통해 시장에서 정해진 3제품의 이익에 대해 4공장이라는 시스템이 생산액을 가져온다는 구조를 나타낼 수 있는 것이다.

이 식의 오른쪽 부분은 복잡하지만, 자세히 보면 4차 열벡터인 것을 알 수 있다.

---

6) 왜 열벡터이냐면 단지 습관이 그러하기 때문이라고 해두겠지만, 곧 어떤 이유를 알 수 있을지도 모른다.

이 표현은 일단 형식적이지만,

$$3차\ 열벡터\ a의\ 왼쪽에\ 4 \times 3형의\ 행렬P를\ '곱'하고\ 있다$$

이런 형태로 되어 있음을 알 수 있다. 여기에서는 다음이 중요하다.[7]

- 벡터 a가 3차원, 행렬P가 3열일 것
- 행렬P가 4행일 것, '곱셈의 답' 벡터b가 4차원일 것

이런 형태로 벡터의 왼쪽에 행렬을 곱하는 것을 정한다.

하나 주의할 점이 있다. 이 식을 보고 잘 모르겠다고 말하는 사람을 자주 볼 수 있는데, 그것은 이야기가 다르다. 원래 '데이터 묶음'과 '표'를 곱하는 것 자체가 부자연스럽고 알 수 없는 일이다.

다만 이렇게 '곱셈'을 정해서 위와 같은 시스템을 수학적인 틀로 표현할 수 있다. 그것이 편리하기 때문에 이렇게 정하는 것이다. 그 이상도 이하도 아니다.

선형 시스템

'벡터의 왼쪽에 행렬을 곱한다'는 정의는 조금 억지스러워 보이지만, 조금 더 '만능 도구인 수학'의 입장에서 살펴보자. 이 곱셈은 주어진 데이터

---

7) 이 '곱셈'을 꼭 종이에 옮겨 적어서 구조를 보기 바란다.

a에 대해 P라는 시스템이 b라는 결과를 가져온다.

이것을 나타냈다고 볼 수 있다. 즉 다음과 같이 변환한 것이 된다.

$$\mathbf{a} = \begin{pmatrix} x \\ y \\ z \end{pmatrix} \quad \xrightarrow{\text{시스템 } P} \quad \mathbf{b} = \begin{pmatrix} 32x + 25y + 17z \\ 16x + 11y + 9z \\ 57x + 0y + 45z \\ 46x + 39y + 20z \end{pmatrix}$$

여기서 얻은 결과 b의 내역을 살펴보자. 4차원의 벡터인데, 각각의 성분이 a의 성분을 상수배해서 더한 것(선형결합·1차 결합)으로 되어 있다. 이런 식으로 나타나는 변환을 선형변환이라고 부른다.

행렬의 곱

다른 시스템을 생각해 보자.

이제 문자의 종류가 다 떨어졌기 때문에 조금 표기를 바꾸도록 하겠다. 공장 네 곳의 생산으로 얻는 이익을 각각 b1, b2, b3, b4라고 하자. 이제 단위는 '만 원'이든 '억 원'이든 상관없다.

각 공장이 내는 세금을 생각해 보자. 공장 네 곳 중에 제1공장은 K국에 있으므로 법인세율은 20%, 다른 3개는 S국에 있으므로 30%다.

K국의 법인사업세율은 10%, 제2공장은 S국의 수도 근교에 있어 법인사업세율이 40%, 제3공장은 교외이므로 20%, 제4공장은 보호 특구에 있어서 법인사업세가 없다. 이 회사가 내는 법인세와 법인사업세를 계산해보자. 세율은 다음으로 나타낼 수 있다.

	제1공장	제2공장	제3공장	제4공장
법인세	0.2	0.3	0.3	0.3
법인사업세	0.1	0.4	0.2	0

앞에서 정한 열벡터와 행렬의 곱의 정의에 따라 공장 네 곳의 이익을 열벡터로 나타내 세율을 곱하면

$$\begin{pmatrix} 0.2 & 0.3 & 0.3 & 0.3 \\ 0.1 & 0.4 & 0.2 & 0.0 \end{pmatrix} \begin{pmatrix} b_1 \\ b_2 \\ b_3 \\ b_4 \end{pmatrix} = \begin{pmatrix} 0.2b_1 + 0.3b_2 + 0.3b_3 + 0.3b_4 \\ 0.1b_1 + 0.4b_2 + 0.2b_3 + 0.0b_4 \end{pmatrix}$$

이렇게 법인세 및 법인사업세를 계산할 수 있음을 알 수 있다.

여기에서 각 공장의 이익을 (7.1)의 b에서 얻었다고 하면 그것을 대입했을 때 무엇을 얻을 수 있을까?

공간 관계로 $\begin{pmatrix} 0.2 & 0.3 & 0.3 & 0.3 \\ 0.1 & 0.4 & 0.2 & 0.0 \end{pmatrix} = \begin{pmatrix} a & b & c & d \\ e & f & g & h \end{pmatrix}$ 라고 쓴다고 하면

$$\begin{pmatrix} 0.2 & 0.3 & 0.3 & 0.3 \\ 0.1 & 0.4 & 0.2 & 0.0 \end{pmatrix} \left[\begin{pmatrix} 32 & 25 & 17 \\ 16 & 11 & 9 \\ 57 & 0 & 45 \\ 46 & 39 & 20 \end{pmatrix} \begin{pmatrix} x \\ y \\ z \end{pmatrix} \right]$$

$$= \begin{pmatrix} a & b & c & d \\ e & f & g & h \end{pmatrix} \left[\begin{pmatrix} 32 & 25 & 17 \\ 16 & 11 & 9 \\ 57 & 0 & 45 \\ 46 & 39 & 20 \end{pmatrix} \begin{pmatrix} x \\ y \\ z \end{pmatrix} \right] = \begin{pmatrix} a & b & c & d \\ e & f & g & h \end{pmatrix} \begin{pmatrix} 32x + 25y + 17z \\ 16x + 11y + 9z \\ 57x + 0y + 45z \\ 46x + 39y + 20z \end{pmatrix}$$

$$= \begin{pmatrix} a(32x+25y+17z) + b(16x+11y+9z) + c(57x+0y+45z) + d(46x+39y+20z) \\ e(32x+25y+17z) + f(16x+11y+9z) + g(57x+0y+45z) + h(46x+39y+20z) \end{pmatrix}$$

$$= \begin{pmatrix} (32a+16b+57c+46d)x + (25a+11b+0c+39d)y + (17a+9b+45c+20d)z \\ (32e+16f+57g+46h)x + (25e+11f+0g+39h)y + (17e+9f+45g+20h)z \end{pmatrix}$$

$$= \begin{pmatrix} 32a+16b+57c+46d & 25a+11b+0c+39d & 17a+9b+45c+20d \\ 32e+16f+57g+46h & 25e+11f+0g+39h & 17e+9f+45g+20h \end{pmatrix} \begin{pmatrix} x \\ y \\ z \end{pmatrix}$$

이렇게 되는 것을 알 수 있다.[8]

$$\begin{pmatrix} a & b & c & d \\ e & f & g & h \end{pmatrix} \begin{bmatrix} \begin{pmatrix} 32 & 25 & 17 \\ 16 & 11 & 9 \\ 57 & 0 & 45 \\ 46 & 39 & 20 \end{pmatrix} \begin{pmatrix} x \\ y \\ z \end{pmatrix} \end{bmatrix} = \begin{bmatrix} \begin{pmatrix} a & b & c & d \\ e & f & g & h \end{pmatrix} \begin{pmatrix} 32 & 25 & 17 \\ 16 & 11 & 9 \\ 57 & 0 & 45 \\ 46 & 39 & 20 \end{pmatrix} \end{bmatrix} \begin{pmatrix} x \\ y \\ z \end{pmatrix}$$

이렇게 된다고 생각하는 것은 자연스러울 것이다.[9] 그리고

$$\begin{pmatrix} a & b & c & d \\ e & f & g & h \end{pmatrix} \begin{pmatrix} 32 & 25 & 17 \\ 16 & 11 & 9 \\ 57 & 0 & 45 \\ 46 & 39 & 20 \end{pmatrix}$$

$$= \begin{pmatrix} 32a+16b+57c+46d & 25a+11b+0c+39d & 17a+9b+45c+20d \\ 32e+16f+57g+46h & 25e+11f+0g+39h & 17e+9f+45g+20h \end{pmatrix}$$

이렇다고 정하는 것이 타당하지 않을까? 결국 편리하기 때문에 이렇게 정하는 것이다. 아는지 모르는지가 아니라 이렇게 정하면 여러모로 앞뒤가 맞기 때문에 그렇게 하자는 것이다.

참고로 이것은 벡터와 행렬 곱의 확장형이라고 볼 수 있으므로 그런 점에서도 어울리는 결정법이라고 할 수 있다.

---

8) 꼼꼼히 종이에 써 보는 것이 가장 빠르게 이해하는 루트다.

9) 보통 곱셈에서는 A(BC)=(AB)C다.

마르코프 연쇄
-행렬에 확률을 도입하다

소부카와

어제의 상황으로 오늘의 상황을 정한다

이런 문제를 생각해 보자. 매일 점심을 먹으러 가는 식당이 있다. 그곳에는 돈가스, 카레, 소고기덮밥, 세 종류만 판매한다. 매일 같은 음식만 먹으면 질린다. 순서대로 주문해 가는 것도 좋지만, 재미가 없다. 그래서 다음과 같은 규칙으로 고르려고 한다.

[규칙] 매일 주사위를 굴려서 그날 먹을 음식을 정한다

Case1 전날 돈가스를 먹었을 때

- 1이 나오면 오늘도 돈가스
- 2, 3, 4가 나오면 오늘은 카레
- 5, 6이 나오면 오늘은 소고기덮밥

Case2 전날 카레를 먹었을 때

- 1, 2, 3, 4, 5가 나오면 돈가스
- 카레는 또 먹지 않는다
- 6이 나오면 소고기덮밥

Case3 전날 소고기덮밥을 먹었을 때

- 1이 나오면 돈가스
- 2, 3이 나오면 카레
- 4, 5, 6이 나오면 또 소고기덮밥

이렇게 하면 매일 점심 식사를 즐길 수 있다. 당연히 매일 무엇을 먹을지 모르지만, 그래도 생각해 보는 것이 수학이다. 돈가스, 카레, 소고기덮밥 중 어느 것을 먹을지 수식으로 나타내보자.

첫 번째 날에 돈가스를 먹었다고 하자. 2일째 점심은 당연히 정해지지 않았는데, 그 비율은 다음과 같다.

돈가스 : $\frac{1}{6}$ 카레 : $\frac{1}{2}$ 소고기덮밥 : $\frac{1}{3}$

여기까지는 규칙대로다. 하지만 이어지는 셋째 날은 어떨까? 2일째가 되지 않으면 3일째의 메뉴를 결정할 수 없지만, 확률적으로 생각할 수 있다.

- 2일째 돈가스 (확률은 $\frac{1}{6}$)라면 Case1
- 2일째 카레 (확률은 $\frac{1}{2}$)라면 Case2
- 2일째 소고기덮밥 (확률은 $\frac{1}{3}$)이라면 Case3

그러면 3일째에 돈가스가 되는 경우는

- 2일째 돈가스 (확률은 $\frac{1}{6}$), 3일째 돈가스 (확률은 $\frac{1}{6}$)

- 2일째 카레 (확률은 $\frac{1}{2}$), 3일째 돈가스 (확률은 $\frac{5}{6}$)
- 2일째 소고기덮밥 (확률은 $\frac{1}{3}$), 3일째 돈가스 (확률은 $\frac{1}{6}$)

이렇게 3가지이고, 확률은 $\frac{1}{6} \times \frac{1}{6} + \frac{1}{2} \times \frac{5}{6} + \frac{1}{3} \times \frac{1}{6} = \frac{1}{2}$ 이라고 계산할 수 있다.

마찬가지로 3일째에 카레가 될 확률은 $\frac{7}{36}$, 소고기덮밥이 될 확률은 $\frac{11}{36}$ 이라고 계산할 수 있다.

이 추이를 조금 정리해서 생각해 보자. 돈가스, 카레, 소고기덮밥을 먹는 비율, 즉 확률을 정리해서 3가지 수의 조합=벡터로 보기로 하겠다.

이것을 확률(분포) 벡터라고 부른다. 1일째는 돈가스로 확정이므로 확률 벡터는 $\mathbf{x}_1 = (1, 0, 0)$. 2일째는 $\mathbf{x}_2 = \left(\frac{1}{6}, \frac{1}{2}, \frac{1}{3} \right)$. 3일째는 $\mathbf{x}_3 = \left(\frac{1}{2}, \frac{7}{36}, \frac{11}{36} \right)$. 이런 추이를 보인다.

첫날에 카레를 먹었다면 어떤 추이가 될까? 첫날 소고기덮밥을 먹었다면 어떤 추이가 될까? 이를 계산해보면, 다음과 같이 나타낼 수 있음을 알 수 있다.[10]

$$\mathbf{x}_{k+1} = \mathbf{x}_k \begin{pmatrix} \frac{1}{6} & \frac{1}{2} & \frac{1}{3} \\ \frac{5}{6} & 0 & \frac{1}{6} \\ \frac{1}{6} & \frac{1}{3} & \frac{1}{2} \end{pmatrix}$$

즉 전날의 확률분포에 이 행렬을 오른쪽에서 곱하면 그날의 확률분포가 구해진다. 이 행렬은 확률분포의 추이를 나타내고 있으므로 추이확률행렬

---

10) 확률벡터를 행벡터로 썼기 때문에 곱셈의 순서는 이렇게 된다.

이라고 한다.

하나 전 단계에서 일어난 상황에 대해 (확률적으로) 다음의 상황이 정해지고, 그 결정 방법이 항상 같다는 이 '연쇄'를, 그 연구를 크게 발전시킨 사람의 이름을 따서 '마르코프 연쇄(Markov chain)'라고 부른다.

연쇄의 미래

매일 이렇게 점심 메뉴를 결정한다면 나중에 어떻게 될까? 추이확률행렬의 n제곱을 계산하면 알 수 있을 것이다.

'선형로그'의 교과서에는 이론적인 계산법이 나와 있지만, 여기에서는 좀 더 친숙한 엑셀을 이용해 계산해보자.[11]1

[도표 7-3] 추이확률행렬

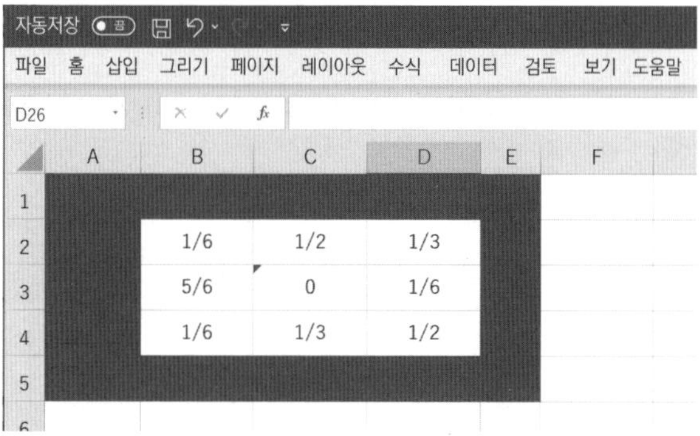

---

11) 보기 쉽게 빈 셀을 진하게 해서 굵은 선으로 만들었다.

[도표 7-4] 엑셀의 설정

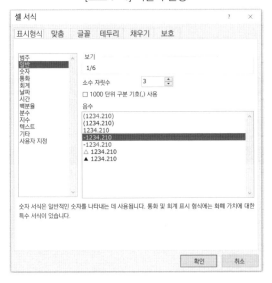

잘 알겠지만 엑셀은 분수를 잘 다루지 못한다. 도표 7-3과 같이 입력해도 셀을 숫자로 설정하면 소수가 되니 그 부분은 감안하기 바란다. 계산은 어림셈으로 해도 되므로 '셀 서식'→'표시형식'→'숫자'를 선택, 소수점 이하의 자리수를 3으로 해보자. 그러면 다음과 같이 표시된다.

[도표 7-5] 추이확률행렬(소수 표시)

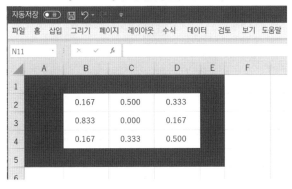

다음으로 같은 행렬을 복사한다.

[도표 7-6] 추이확률행렬의 곱

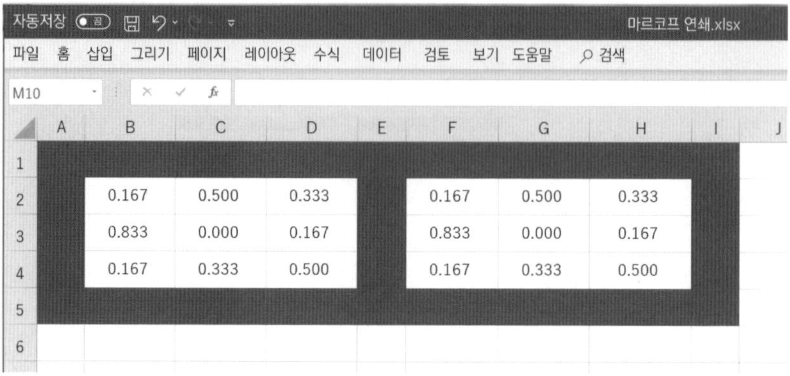

자동저장										마르코프 연쇄.xlsx	
파일	홈 삽입	그리기	페이지	레이아웃	수식	데이터	검토	보기	도움말	검색	
M10			f_x								
	A	B	C	D	E	F	G	H	I	J
1										
2		0.167	0.500	0.333		0.167	0.500	0.333		
3		0.833	0.000	0.167		0.833	0.000	0.167		
4		0.167	0.333	0.500		0.167	0.333	0.500		
5										
6										

이런 것은 3행 3열의 행렬이므로 곱하면 다시 3행 3열이 된다. 그곳에 계산 결과를 쓰는 장소를 만들어 선택한다.

[도표 7-7] 곱을 표시할 공간을 만든다

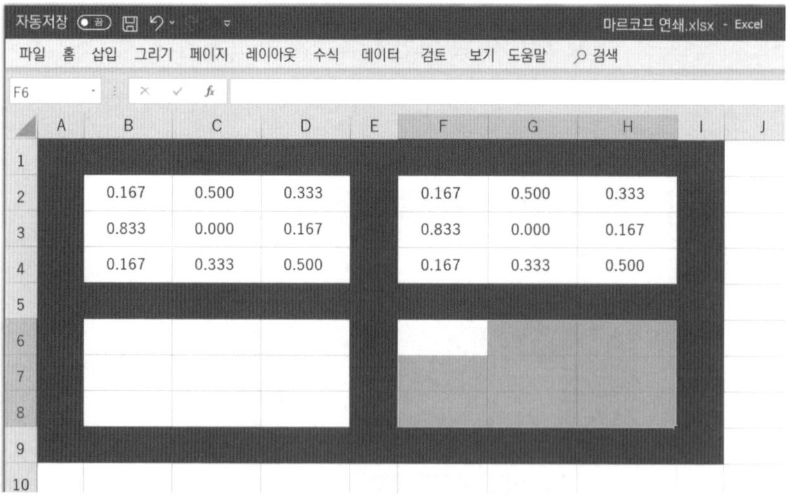

자동저장										마르코프 연쇄.xlsx · Excel	
파일	홈 삽입	그리기	페이지	레이아웃	수식	데이터	검토	보기	도움말	검색	
F6			f_x								
	A	B	C	D	E	F	G	H	I	J
1										
2		0.167	0.500	0.333		0.167	0.500	0.333		
3		0.833	0.000	0.167		0.833	0.000	0.167		
4		0.167	0.333	0.500		0.167	0.333	0.500		
5										
6										
7										
8										
9										
10										

[도표 7-8] 엑셀로 계산한다

[도표 7-8] 엑셀로 계산한다

| SUM | ▼ | × | ✓ | f_x | =MMULT(B2:D4,F2:H4) |

	A	B	C	D	E	F	G	H	I
1									
2		0.167	0.500	0.333		0.167	0.500	0.333	
3		0.833	0.000	0.167		0.833	0.000	0.167	
4		0.167	0.333	0.500		0.167	0.333	0.500	
5									
6						=MMULT(B2:D4,F2:H4)			
7									
8									
9									

Ctrl+Shift+Enter를 하면 두 행렬의 곱이 나온다.

[도표 7-9] 계산 결과

| 자동저장 ●■ | 🖫 | ↻ ▾ | | ▾ | | | 마르코프 연쇄.xlsx 저장함 |

파일　홈　삽입　그리기　페이지　레이아웃　수식　데이터　검토　보기　도움말　🔎 검색

| L12 | ▼ | × | ✓ | f_x | |

	A	B	C	D	E	F	G	H	I	J
1										
2		0.167	0.500	0.333		0.167	0.500	0.333		
3		0.833	0.000	0.167		0.833	0.000	0.167		
4		0.167	0.333	0.500		0.167	0.333	0.500		
5										
6						0.500	0.194	0.306		
7						0.167	0.472	0.361		
8						0.389	0.250	0.361		
9										
10										

이 곱의 행렬의 1행에 '첫날이 돈가스'일 때 3일째의 확률벡터가 나타나 있음을 알 수 있다. 2행, 3행은 무엇으로 되어 있을까?

원래의 행렬을 왼쪽 아래로 복사하고, 6행부터 8행을 10행 아래로 복사한다. 그러면 추이확률행렬의 3제곱, 4제곱이 순서대로 구해지는 것을 알 수 있다. 또한 계산을 거듭하면 10제곱 정도부터 나머지는 거의 같은 행렬이 된다. 게다가 1행과 2행과 3행이 같아진다. 첫날에 무엇으로 시작해도 대개 10일째 정도부터는 3개의 메뉴가 선택되는 빈도가 일정하게 된다.

엑셀의 계산은 어림셈이지만, 이렇게 해서 대략적인 경향을 알 수 있다.

[제7장 정리] 행렬을 사용해서 말하기·쓰기

• 행렬은 직사각형으로 수가 나열된 표다.

• 데이터가 나열된 표로 볼 때 그 표끼리 더하거나 빼는 것을 자연스럽게 생각할 수 있다.

• 데이터 표의 가로세로에 무엇을 나열하는지는 상황에 따른다.

• 얼핏 의미를 알 수 없는 행렬의 곱셈은 연립 일차 방정식으로 표현되는 변환을 나타낸다.

• 표계산 소프트웨어는 이런 것을 배경으로 설계되어 있다.

제 8 장

미 분 · 적 분

기울기를 아는 데에
어떤 의미가 있을까?

야마모토

갑자기 무서운 얼굴을 하고 나타난 미분·적분

수학을 단원별로 살펴보면 처음에는 이해하기 쉽다가 갑자기 당혹스러운 부분을 만난다. 개인차도 있겠지만 여러 단원을 보니 새삼 그런 느낌이 든다.

수열은 처음에는 상냥한 얼굴을 하고 있다. 마치 퀴즈 같다. 벡터나 행렬도 그런 모습일까? 다만 중간부터 얼굴이 달라지는 것은 마찬가지다. 그리 호락호락하게 풀리지 않는다.

반면에 처음부터 '이거 큰일이네'라고 생각하게 하는 단원도 있다. 삼각함수나 로그에서 $\sin\theta$나 $\log$가 나와 안 좋은 예감이 든 적도 있었지만, 정말이지 수학다운 위엄을 뽐내며 등장하는 것은 미분·적분이 아닐까?

어쩐지 사람을 가까이 오지 못하게 하는 분위기를 풍긴다. 수학을 못하는 사람에게는 상징적인 단원일지도 모른다. 하지만 다시 보면 의외로 미분·적분이 무엇을 목표로 하고 있는지 어떻게든 알게 되는 것도 사실이다. 그런 본질을 이해하지 못한 채 '도함수'나 '극한값'라는 말에 버거움을 느낄 수도 있다.

그러면 미분·적분은 어떻게 배워왔을까? 참고로 미분·적분은 예나 지금이나 고등학교 2학년 때 배우게 되어 있다. 그야말로 '문과/이과'를 선택하는 데에 큰 영향을 줄 가능성이 있다.

의외로 성가신 점이라는 개념

미분을 배울 때는 먼저 2차 함수의 곡선을 다룬다. $y=x^2$라고 하는 선이 나오고 그 기울기를 생각한다. $y=ax$는 곧은 선이 되기 때문에 기울기를 바로 알 수 있다. 기울기나 절편은 중학교에서 배웠을 것이다.

그렇다면 2차 함수의 경우는 어떨까? 이런 것은 확실히 신경 쓰인다. 그리고 일단 지금까지 배운 생각으로 이 문제에 접근해보고자 한다. 그것이 '평균변화율'이다. 앞의 $y=x^2$에서 x가 1에서 2로 변화할 때 y는 어떻게 될까?

x는 1 늘어나는 데 비해 y는 1에서 4가 되어 증가량은 3이 된다. 일단 곡선의 두 점을 직선으로 묶어 본다. 다만 그것만으로는 2차 곡선의 기울기는 알 수 없다. 그래서 이런 사고를 도입한다.

[도표 8-1] 평균변화율

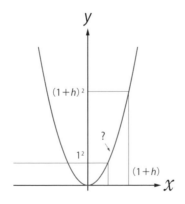

우선 $f(x)=x^2$에서 x의 값이 1에서 $1+h$까지 변화할 때 평균변화율을 구한다. 이것을 계산하면 다음과 같이 된다.

$$2+h$$

여기까지는 손을 움직이면 어떻게든 도달하지만, 이후의 사고에는 약간 벽이 있을 것이다.

여기에서 'h를 한없이 제로에 가깝게 한다'는 발상이 나온다.

h가 0.1이면 $2+h=2.1$

h가 0.01이면 $2+h=2.01$

h가 0.001이면 $2+h=2.001$

이러한 이유로 한없이 가까워지는 것으로 2+h의 '극한값'이라는 개념을 생각하게 된다. 식은 다음과 같다.

$$\lim_{h \to 0} (2+h) = 2$$

이 lim을 본 시점에서 왠지 생각난 사람도 있을 것이다. lim은 극한의 limit을 줄인 것이다. 그리고 h는 한없이 제로에 가까우므로 극한값은 2가 된다.

이렇게 보면 미분의 계산은 개념을 알면 그리 까다롭지 않다. 극한값의 설명을 듣고 배우면 순차적으로 알 수 있지 않은가?

그런데 '미분의 개념'은 그렇게까지 가볍게 소화할 수 있는 것일까? 그렇다면 그것은 또 다른 과제다. 특히 '한없이 제로에 가까워진다'라는 것을 개념으로 알 수 있을까? 이것은 어쩌면 배우는 쪽의 센스나 가르치는 측의 방법에 따라 좌우될지도 모른다.

줄어드는 무한은 어렵다

어째서 '한없이 제로에 가까워진다'는 것이 직감적으로 이해하기 어려운 것일까? 이렇게 느꼈을 때 생각나는 것이 '아킬레스와 거북이'의 이야기다.

아킬레스가 거북이보다 10배 빠르다고 하자. 그리고 아킬레스는 거북이의 100m 뒤에서 출발한다. 당연히 앞에서 느긋하게 걷는 거북이를 어디에서인가 앞지를 텐데, 100m를 달리면 거북이는 10m 앞에 있다. 10m를 더 달리면 거북이는 1m 앞에 있다. 또 1m 앞으로 가면 거북이는 10cm 앞에 있다. 그래서 아킬레스는 거북이를 영원히 따라잡을 수 없다는 역설의 이야기다.

이것은 좀 전에 설명했듯이 '한없이 제로에 가까워지는' 이야기다. 어떤 의미에서 무한을 논하고 있다. 단 무한이라고 하면, 일반적으로는 끝없이 증가하는 이미지일 것이다.

그래서 '무한대'라는 말이 일반적이다. 반면에 '무한소'라는 개념도 있다고 한다. '있다고 한다'라고 하는 이유는 이번에 미분이 궁금해지기 시작해서 조사하는 동안 알게 된 정도라서, 본질을 잡은 느낌이 들지 않았기 때문이다.

수학은 어느 부분에서 급속히 개념적이 된다. 개념적이란 '가시화하기 어렵다'고 바꿔 말할 수도 있다. '2제곱하면 마이너스가 된다'는 복소수도, 수열의 Σ도 볼 수는 없다. 그렇다면 그것을 이해하는 것은 배우는 쪽의 센스일까? 가르치는 쪽의 방법론일까? 여기에서는 이를 파고들지 않겠다.

다만 미분의 개념을 이해하려면 어느 '점'에서의 기울기라는 개념을 한 번 소화할 필요가 있다. 앞서 살펴본 것처럼 수학의 의미를 좀 더 맛보고 싶은 부분도 있지만, 지금은 소화했다는 전제 아래 적분의 이야기를 살펴보자.

적분이 의외로 잘 보인다는 것을 깨닫다

적분은 미분과 짝이 된다. 그럼 적분은 어떻게 정의되어 있을까? 굉장히 싱겁다.

[미분해서 $f(x)$가 되는 함수를 $f(x)$의 부정적분이라고 한다]

이 글을 읽으면 '미분의 역이구나'라고 깨달을 것이다. 적분은 미분의 반대 계산이라고 하며, 미분을 이해하면 적분 문제를 푸는 데 크게 어려움이 없을 것이다.

우선 개념으로 배우는 것이 '부정적분'으로, 더 가시화되는 것이 '정적분'이다. 이로 인해 곡선과 직선, 혹은 곡선끼리 둘러싸인 부분의 면적을 구할 수 있다. 이제까지 면적을 구하는 방법으로 배운 것은 삼각형이나 사각형 등 직선 도형이나 원, 그리고 그 조합이었으므로 적분을 통해 새로운 세계에 들어온 느낌이 들 것이다. 개인적인 감상을 말하자면 적분은 꽤 보기 쉽고, 안정감이 있다고 생각한다.

신경이 쓰이는 것은 미분과 적분의 성립이다. 앞면과 뒷면처럼 배우는데, 어떤 시점에서 이런 것이 생겨났을까?

확률은 생활이라고 해야 할지 모르겠지만, 내기의 지혜와 깊게 관련되어 있다. 수열은 증가하는 패턴을 찾아내어 금리 계산에도 응용할 수 있다. 정적분의 '면적을 구한다'는 것은 실용성을 느끼지만, 미분의 '기울기를 안다'라고 하는 것은, 어떻게 해서 실용성을 더해가는 것일까?

미분과 적분은 공식을 외우면 어느 정도 풀 수 있다. 그러나 기왕이면 고등학교에서는 배우지 않은 '본모습'을 알고 싶어진다.

미분이란
순간의 변화율을 말한다

소부카와

일단 함수에 대해서

학교에서 수학을 배울 때는 어쨌든 '문제풀이'가 당장의 목표였다. '이건 어디에 도움이 되어서 하는 거지?'라는 상상을 할 때도 있지만, 그것을 이해하기 전에 수학과 인연이 끊어진 사람도 많을 것이다.

미분의 이야기를 한다고 해도 공식이나 해법의 이야기에 시선이 가는 경향이 있어서, 본모습을 생각할 때는 상당히 앞에서 시작할 필요가 있다.

원래 함수, 그리고 함수의 그래프란 무엇인가?

이 지점부터 풀어 보자. 예를 들어

함수 $y = 3x - 2$란? 그리고 그 그래프란 무엇일까?

많은 사람들이 직선, 기울기, (y-)절편을 생각할 것이다. 물론 그것도 중요하지만, 그전에 좀 더 살펴봐야 하는 것이 있다.

함수 $y = 3x - 2$란,

$$x = -2 \text{ 일 때} \quad y = -8$$
$$x = -1 \text{ 일 때} \quad y = -5$$
$$x = 0 \text{ 일 때} \quad y = -2$$
$$x = 1 \text{ 일 때} \quad y = 1$$
$$x = 2 \text{ 일 때} \quad y = 4$$
$$x = 3 \text{ 일 때} \quad y = 7 \cdots \text{이라는 대응의 전체다.}$$

그리고

(-2, -8), (-1, -5), (0, -2), (1, 1), (2, 4), (3, 7), …이라는 점의 전체를

함수 y=3x-2의 그래프라고 한다. 이런 각 점별로 보는 것이 '함수의 본모습'이다. 그리고 이 조건을 만족하는 점을 모두 나열해보면 결과적으로 그것이 직선이 된다.

경제 이야기와 가까운 이런 예를 하나 생각해보자. 경제학 교과서의 첫 번째에 있는 '수급곡선'을 살펴보겠다.

[도표 8-2] 수급곡선

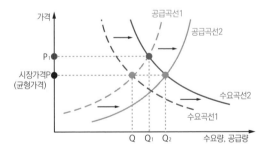

이 그림도 아무 생각 없이 보게 되는데, 애초에 이 곡선은 무엇인가? 예

를 들어 공급곡선이란 원래 다음과 같다.[1]

'가격이 이만큼 되면, 생산자는 이만큼 만든다=공급한다'라는 것에
대해 가격과 공급량의 조합을 평면상에 나타낸 점의 전체

본래는 먼저 데이터가 있고 그려지는 그래프여야 하는지도 모른다. 한편

가격이 오르면 더 많은 매출을 기대해서 공급을 늘리려 하므로
높은 가격에 비해 공급량이 많아진다

이렇게 이론적으로 생각할 수 있다. 그것을 공급곡선이라는 형태로 보기 쉽게 표현한 것이다. 수요곡선도 마찬가지다. 그때는 다음과 같이 표현된다.

비싸면 잘 구매하지 않지만 값이 내려가면 많이 산다

함수로 미분의 뜻을 알다

그럼 말을 바꿔보자. 원칙적으로 함수나 그 그래프는 '로컬=각 점 및 그 부근'으로 생각하는 것이 첫걸음이 된다. 그것을 근거로 '글로벌=전체'로

---

1) 수학, 통계학에서는 전통적으로 먼저 결정하는 쪽(독립변수)을 가로축으로 나타내므로 지배적인 가격을 가로축으로 나타내고 싶어지지만, 수급곡선은 예전부터 이렇게 축을 나타낸다.

봐서 얻을 수 있는 것, 또 표현할 수 있는 것이 있다.

문제는 로컬의 범위다. 다른 함수를 생각해 보자. 비즈니스에서는 쓸 일이 적은 함수인데, 삼각함수 $y=\sin x$를 생각한다. 여기에서 x값의 단위는 라디안, 즉 $180°=\pi$라디안이다.

그래프는 다음과 같다.

[도표 8-3] 사인곡선

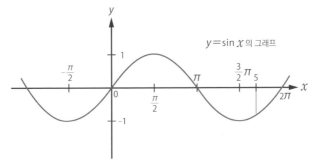

$\sin 0=0$이므로 원점을 통과하겠지만, x가 조금만, 예를 들어 5만큼 늘어나면 y값은 어떻게 될까?

$$5라디안은 약 \ 180° \times \frac{5}{\pi} \fallingdotseq 287°$$
따라서 sin의 값은 마이너스.
그래서 $\sin x$는 감소함수다.

이것은 아무리 봐도 아니다. 그렇다면 어느 정도의 범위를 봐야 좋을까? 안타깝지만 아무리 작게 만들어도 그것을 빠져나갈 수 있는 함수가 나온다. 그래서 x의 증가폭은 아무리 줄여도 안 되고 0까지 접근해야 한다.

여기서 조심해야 할 것은 0에 가까워지는 것이지 0은 아니라는 점이다. x가 0만큼 늘어나도 늘어나지 않기 때문에 y값도 변하지 않고 아무것도 알 수 없다. 그것이 곧 '순간의 변화율' 그리고 '미분'이라는 개념에 이른다.

주가 그래프와 미분

그렇다고는 해도 미분이라고 하는 개념은 좀처럼 파악하기 어렵다.

하지만 안심하기 바란다. 자연계에서는 그렇다고 말할 수 없지만, 적어도 경제를 생각하는 데에 '무한히 작다'는 것은 없다. 그럼 '왜 그런 개념을?', '미분은 무슨 도움이 되는 거야?'라고 당황하지 말고 차근차근 생각해 보자.

최근의 주식 거래는 '알고리즘 거래'라는 툴이 등장한 덕분에 매우 빠른 거래를 높은 빈도로 실시하게 되었다. 그래도 거래 횟수는 유한하다. 만일 1나노초에 1회의 거래가 이루어진다고 해도 1초에 10억 회, 1시간에 3조 6,000억 회다.[2]

게다가 2개 이상의 거래가 동시에 이루어지는 것은 아니다. 원리적으로 하나의 서버는 한 번에 하나의 조작밖에 할 수 없기 때문에 반드시 순서가 붙는다.[3]

따라서 주가 그래프를 그리려고 하면 그것은 선이 아니라 점의 나열일 것이다. 바꿔 말하자면 경제 현상은 모두 수열로 나타낼 수 있을 것이다. 예를 들어 알고리즘 거래를 생각할 때 1나노초마다 주가변동을 조사하게 된다.

그런데 이렇게 들으면 질릴 것 같지 않은가? 원리적으로는 가능할지 모르지만, 실제로는 1시간의 주가 변동을 그래프 위에서 생각하는데, 3조 개의 점을 나타내거나 3조 개의 수가 나열된 수열을 생각하기는 어렵다. 모든 주식이 그런 빈도로 거래되는 것도 아니기 때문에 의미가 있다고 생각되지 않는다.[4]

3조개의 데이터를 전부 다루는 것은 고생에 비해 성과는 적은 일이다. 그것보다 연속적으로 주가가 변동한다고 생각하는 편이 파악하기 쉽다. 물론 어느 순간 갑자기 주가가 크게 변동하기도 한다. 그러나 그것은 위와 같은 것을 생각하면 당연한 일이다. 본래 점점이 흩어진 데이터이기 때문이다.

그대로는 힘들어서 연속된 그래프(함수)로 생각한다. 일반적으로 함수(의 그래프)는 본래 점점이 흩어져 있지만, 일단 연결하는 편이 알기 쉽기 때문에 사용하는 것이라고 파악하자.

그러면 이 1나노초의 거래에 대해 좀 더 생각해 보자. 주가를 생각할 때는 그것이 오를지 내릴지 생각하는 것이 중요한 요소다. 현재 1,000원인 주식이 1나노초마다 1원씩 오르면 어떻게 될까? 물론 그런 일이 있으면 우리 모두 부자가 될 것이다. 1초 뒤에 10억 1,000원이라니 말이 안 된다. 그러면 1나노초마다 백분의 1원이라면? 그래도 1초 만에 1,000만 원이 오른다. 그렇게 생각하면 1나노초로는 주가가 움직이지 않는다고 보는 것이 보통이다. 물론 어느 때 갑자기 움직일 수도 있지만.

이렇게 되면 초단시간 내의 변동을 생각하는 것은 의미가 없다. 어느 정도의 시간 간격을 두고 그 사이에 얼마나 변화가 있는지가 의미 있을 것이

---

2) 이런 밀집된 상태에서는 특수한 일이 일어나는 일이 있지만, 이 책에서는 그렇게 깊이 들어가지 않겠다.

3) CPU가 여러 개 있을 때 등 여러 가지를 생각하면 어려워지므로 일단 그것은 전문가에게 맡기도록 하자.

4) 실제로 그것을 생각하고 이루어지는 거래도 있지만, 그런 것에도 깊이 관여하지 않겠다.

다. 그래서 어느 정도의 시간 경과 전과 후의 값을 비교하는 '평균변화율'
이라고 하는 개념에 이른다.

물론 그 시간의 경과 사이에 오르락내리락 할 수 있다. 그래서 그 시간
을 짧게 한다. 1나노초를 생각하면 평균변화율은 이렇게 말할 수도 있다.

$$\frac{\text{거의 변화가 없다?}}{\text{1나노 초}} = \frac{0}{0}\ ?$$

그곳에서 살짝살짝, 차츰차츰 생각하는 시간 경과를 짧게 한다. 그에 따
라 주가 변화도 바뀌지만, 그 비율이 편리한 어느 값에 가까워질 때 이것을
미분이라고 부르는 것이다.

여기까지 생각한 후에 다시 한 번 경제학 교과서의 처음에 실려 있는 수
급곡선을 보자.

[도표 8-4] 수급곡선(다시 게재)

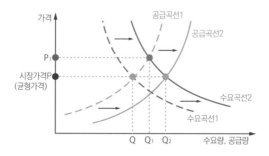

도표 8-4의 수급곡선을 어떻게 보는가? 오른쪽으로 내려가는 것은 수
요곡선이고, 오른쪽으로 올라가는 것이 공급곡선이다. 오른쪽으로 향할
때 오르내리는 모습이 매우 중요하다. 이 그래프를 처음과는 다르게 보도
록 하겠다.

수요가 증가했는데 공급이 그대로라면 가격은 높아진다. 그리고 공급이 증가하면 그에 맞게 가격은 떨어져 균형을 잡는다. 반대로 공급을 줄이면 더 높은 가격으로 균형이 잡힌다는 것을 이 그림에서 읽을 수도 있다.

다만 이 곡선은 이론적인 모델이다. 실제 수급곡선은 상품에 따라 다르고, 동일한 상품이라도 다른 여러 이유로 수급이 증감할 수 있다. 그렇게 생각한다면 이 곡선의 오르내림=기울기는 다양해진다.

또한 여러 상품의 수요곡선을 비교할 필요도 있다. 이 경우 곡선의 기울기가 어떻게 되는지, 또 교점의 기울기는 어떻게 달라질까? 이런 점을 정밀하게 생각할 때 미분의 개념으로 파악하면 의미가 분명해진다.

식을 이용해
상황을 표현한다

소부카와

다산하는 토끼 이야기

미분이 무엇 때문에 생각되었을까? 원래 면적이라고 하는 형태로 등장한 적분보다 수천 년 뒤늦게 발달했다. 다산하는 토끼의 이야기를 예로 들어 생각해 보자. 토끼의 임신 기간은 대략 30일 전후다. 출산하자마자 다음 임신이 가능하다고 한다. 게다가 매번 4~6마리를 낳는다.[5] 태어난 새끼는 반 년도 지나지 않아 또 새끼를 낳기 때문에 수가 점점 불어난다.

단순화해서 한 쌍의 토끼가 한 달 후에 총 6마리 정도로 늘어났다고 하자. 한 달 뒤에 3배가 된다. 두 달 뒤에는 18마리. 석 달 후에는 54마리. 정기적으로 출산을 반복한다면 단순 계산으로 늘어난다는 이야기가 되지만, 수가 증가하면 임신 간격이 벌어지는 암컷도 나온다. 그렇게 되면 매월 정기적으로 증가하는 이야기는 되지 않는다.

반대로 보면 개체 수가 증가하면 연중 어딘가에서 출산이 이루어지는 셈이다.

조금 일반적인 설정을 바탕으로 증가 상황을 생각해 보자. 어려운 식이 나열되는데, 수식을 사용해서 표현할 수 있는 바를 보기 바란다.

시각을 t로 나타낸다. 토끼 집단이 있을 때 그 개체 수는 시간에 따라 변하기 때문에 t의 함수 $x(t)$로 표시한다. 토끼에 1마리에 단위시간 당 a마리의 토끼가 새로 태어난다고 하고, 시간이 Δt만큼 경과했을 때, x가 Δx만큼 증가했다고 하면[6]

$$\Delta x = ax(t)\,\Delta t$$

이런 식으로 나타내는 데 별로 위화감은 없을 것이다. 총수가 증가하면 증가 수도 늘어난다. 그 변화 모습을 파악하려면 Δt가 0에 가까워졌을 때의 상황을 생각하는 것이 미분의 사고다. 즉 다음과 같은 관계식을 얻을 수 있다.

$$\frac{dx}{dt} = ax$$

a는 양수. x는 t의 함수. 미분을 포함한 변수 t와 x의 관계식을 미분방정식이라고 한다. 이 식의 양변을 x로 나누고 양변을 t로 적분해보면

$$\int \frac{1}{x} \frac{dx}{dt}\,dt = \int a\,dt$$

각각 계산하면

$$\log x = at + K \quad \text{더 변형해서} \quad x(t) = Ce^{at} \quad (C = e^{K})$$

이렇게 되어 확실히 '지수함수적으로' 증가하는 것을 알 수 있다.[7]

---

5) 종에 따라 임신 기간이나 한 번에 낳는 새끼의 수가 다르나.

6) 그리스 문자 Δ는 보통 알파벳에서는 D. 증가분이라고 해서 '차이 difference'의 머리글자를 사용한다.

7) 여기에 나온 K는 적분했을 때 나오는 상수를 나타낸다. 그것을 사용해 C=eᴷ로 정했다.

토끼를 먹이로 삼는 늑대도 생각한다

다음으로 조금 복잡한 상황을 생각해 보자. 토끼와 토끼를 먹이로 삼는 늑대의 관계다. 단순하게 파악하기 위해 다음과 같은 상황을 가정하자.

- 토끼의 먹이는 충분히 있다
- 늑대의 먹이는 토끼뿐이다

늑대의 총수를 y라고 하자. 물론 시간 t에 의존한다. 늑대와 토끼가 만나는 기회는 각각의 총수에 비례한다. 그곳에서는 확실히 사냥이 발생한다.

그러면 양수 b를 사용해서 다음과 같이 나타낼 수 있다.

$$\frac{dx}{dt} = ax - bxy$$

한편 늑대의 개체 수에도 똑같이 생각한다. 이번에는 반대로 만약 먹이 (=토끼)가 없다면 일정 비율로 늑대가 죽는다. 또한 사냥이 성공함에 따라 늑대의 개체 수는 증가한다. 따라서 양수 p, q를 사용해서 다음과 같이 나타낼 수 있다.

$$\frac{dy}{dt} = pxy - qy$$

이 2개의 식(미분방정식이라고 부른다)은 동시에 성립되므로 이를 연립시킨 다음의 시스템이 늑대와 토끼의 관계를 나타내고 있음을 알 수 있다.[8]

$$\begin{cases} \dfrac{dx}{dt} = ax - bxy \\ \dfrac{dy}{dt} = pxy - qy \end{cases}$$

수학이라고 하면 '푼다'고 생각하는 사람이 많다. 이 미분방정식의 경우, 시간 변화에 따라 토끼x와 늑대y가 어떻게 변화하는지, 즉 이 관계식을 만족시키는 함수 $x(t)$, $y(t)$를 구하면 좋겠지만,[9] 아무래도 어려울 것이다. 하지만 풀지 못해도 이 식을 통해 직접 알 수 있다.

이 모델에서는 늑대와 토끼 이외의 요인을 생각하지 않으므로 늑대와 토끼의 수가 딱 균형을 잡을 가능성이 있다. 태어나는 수와 포식되는 수가 같아지는 경우. 양쪽의 증가·감소가 없어지는 경우라고도 할 수 있다. 이 시스템으로 말하자면,

$$\begin{cases} \dfrac{dx}{dt} = ax - bxy = x(a - by) = 0 \\ \dfrac{dy}{dt} = pxy - qy = y(px - q) = 0 \end{cases}$$

이렇게 평형상태가 되는 것이다. 따라서 그때는 다음과 같이 된다.[10]

$$y = \frac{a}{b}, \quad x = \frac{q}{p}$$

---

8) 로트카 볼테라 방정식이라고 한다.

9) 이런 함수를 이 미분방정식의 해라고 부르고, 해를 구하는 것을 미분방정식을 푼다고 한다.

10) 대입해보자. x=y=0도 평형상태라고 할 수 있지만, 그것은 늑대도 토끼도 없는 상태이므로 생각하지 않는다.

다만 실제로 제대로 평형상태가 되는지는 알 수 없다. 그래서 좀 더 자세히 살펴보겠다. $x, y \rangle 0$이라는 점에 주의한다. 그러면,

늑대의 개체 수 $y > \dfrac{a}{b}$ 일 때, $\dfrac{dx}{dt} = ax - bxy = x(a - by) < 0$

이므로 토끼의 수 x는 감소

늑대의 개체 수 $y < \dfrac{a}{b}$ 일 때, $\dfrac{dx}{dt} = ax - bxy = x(a - by) > 0$

이므로 토끼의 수 x는 증가

토끼의 개체 수 $x > \dfrac{q}{p}$ 일 때, $\dfrac{dy}{dt} = pxy - qy = y(px - q) > 0$

이므로 늑대의 수는 증가

토끼의 개체 수 $x < \dfrac{q}{p}$ 일 때, $\dfrac{dy}{dt} = pxy - qy = y(px - q) < 0$

이므로 늑대의 수는 감소한다.

이렇게 조합하면 양쪽은 다음 도표와 같은 추이를 보인다고 생각할 수 있다.

[도표 8-5] 토끼의 개체 수와 늑대의 개체 수

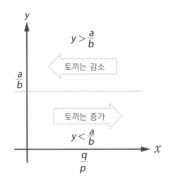 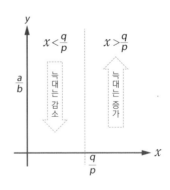

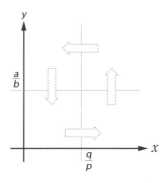

그런데 여기까지 논의가 진행되었기 때문에 어떤 해답을 유도하는 것일까? 물론 그런 방향으로 나아가는 것이 가능한 문제도 있다. 그러나 이것만으로는 안 될까?

상황을 식으로 표현한다

이것만으로도 위와 같이 자연계의 현상을 파악할 수 있다. 이때 식은 수학에서 '문장'이 된다.

일반적으로 문장을 이용해 상황을 밝히는 일도 자주 이루어진다. 특히 예시처럼 미분이라는 개념은 수식을 이용해서 상황을 나타내기 위해 사용하는 경우가 많다. 풀어서 해를 찾는 경우도 있지만, 그러지 않아도 큰 도움이 된다.

이것이 '수학을 이용해서 쓰기'가 가져오는 효용 중 하나다.

미분의 반대라고 하는
적분의 의미란?

소부카와

  적분에는 크게 두 가지 의미가 있다. 하나는 고대 이집트에서 이미 생각했다는 면적의 개념이다. 직사각형, 삼각형, 다각형의 면적을 생각하는 것은 그리 어렵지 않지만 곡선으로 둘러싸인 부분의 면적을 어떻게 생각할지 다양한 고찰을 했었던 듯하다.

  다른 하나는 17세기 무렵부터 시작된 미분이라는 개념의 반대 의미다. 고등학교에서는 이것을 적분의 시작으로 본다. 그리고 이는 앞에서 소개한 미분방정식을 '푸는 것', 즉 그 미분방정식이 성립되는 함수=해를 구하는 데 사용된다.

  물론 수식을 구사해서 미분방정식을 풀기도 하지만, 사실 극히 특수한 경우에서만 가능하다. 대개 미분방정식은 수식만으로 풀 수 없다.

  현대 수학에서는 해를 익숙한 함수로 나타낼 수 없어도 해의 존재나 어떤 성질을 갖고 있는지 조사한다. 그에 따라 안정된 시스템을 만들기도 한다.

  최근에는 컴퓨터를 통해 수치적으로 적분을 계산할 수 있다. 그 수치적분의 이론은 '면적'에 관련된 사고방식이다. 그곳에서 반대로 미분방정식의 해를 수치적으로 구성할 수도 있다.

  전문적이 되기 때문에 더는 언급하지 않겠지만, 고등학교에서 배운 적분이 무엇인지는 알아두기 바란다.

[제8장 정리] 미분·적분을 사용해서 말하기·쓰기

- 미분은 변화하는 수치의 '어느 점'의 상태를 규정하기 위한 것이다. 학교에서 배울 때는 2차 함수 같은 곡선의 한 점에서 '접선'과 그 '기울기'라는 형태로 시각화된다.

- 이 기울기는 시시각각 변하고 있다. '어느 점'이라고 해도 그것은 무수히 존재하고, 기울기도 계속 변화한다. 원래의 곡선이 무수한 점으로 이루어져 있다는 것이 미분을 통해 재인식된다.

- 적분은 미분의 '역개념'이라고 배웠지만, 구체적으로는 '면적을 구하는 일'로 가시화하기 쉽다.

- 다만 그것은 '무수한 점에 의해 생긴 선이 만든 면'을 규정한 것이라고 할 수 있다.

- 미분·적분은 '변화의 방식과 그 결과'를 밝힌다. 세상에서 관찰되는 다양한 자연현상이나 사회동향의 데이터를 분석하려면 꼭 필요한 사고방식이다.

필요한 것은 수의 세계를 들여다보는 일

야마모토

문과였던 내가 학교에서 배운 수학이 언제부터 헷갈리기 시작했는지 되짚어보니 추상도가 강해진 부분이었던 것 같다.

예를 들어 수열은 등차수열부터 배우는데 1, 3, 5, 7, 9…라고 하는 구체적인 수의 나열을 보고 "일반항으로 $a_n=2n-1$이라고 표현한다."라고 배워도 별로 의문이 생기지 않는다. 등차수열 다음에 나오는 등비수열을 봐도 크게 다르지 않다. 다만 이것이 무한으로 이어지고, 거기에 수열의 합은 Σ를 사용해서 나타낼 수 있다며 "무한히 이어져 합을 나타낸다."라고 나오면 헷갈리지 않는가?

로그도 마찬가지다. 예를 들어 '$2^x=4$를 만족시키는 x의 값은 2', '$2^x=8$을 만족시키는 x의 값은 3'……이라고 하고, "$2^x=M$을 만족시키는 x의 값을 $\log_2 M$이라고 나타내며, 2를 밑으로 하는 M의 로그라고 부른다."라고 배운다. 그리고 이 로그를 함수 그래프로 하면 지수 때와는 달리 x축과 y축이 뒤집혀 헷갈린다.

이런 점을 얼마나 받아들일 수 있는지가 수학적 센스의 갈림길이 되지 않나 싶다. '확 와 닿지 않는다', '이해가 되지 않는다'라는 부분을 의식하고 이해한 다음, 비즈니스나 생활 속에서 수학이 사용되는 사례를 보면 수학을 전문으로 하지 않는 사람에게 우선 필요한 것은 '수의 세계를 들여다보는 일'이라는 것을 알 수 있다.

문제를 푸는 것, 그래프를 그리는 것이 아니라 '이런 성격의 수로 이루어져 있구나. 그래서 이런 결과가 되는구나'라고 이해할 수 있으면 일단은 좋다고 본다.

수라는 것은 무기적으로 보이지만 사실 생물처럼 행동하는 것 같다. 그런 식으로 수의 세계를 살펴볼 수 있도록 하는 것이 수학을 배우는 데 중요하지 않을까?

재미없는 수학을 자신의 세계로

소부카와

· ·

앞쪽에서 야마모토가 "필요한 것은 수의 세계를 들여다보는 일"이라고 말했는데, 수학교육을 전문으로 하는 나도 같은 생각이다. 이 책을 집필하는 과정에서 토론을 통해 그 생각이 강해졌다.

내가 수열의 합(Σ)을 지도할 때는 "요점은 덧셈입니다." "1의 경우, 2의 경우, 3의 경우……, 전부 써보고 전부 더해보세요."라고 지도한다. 로그를 가르치는 경우도 마찬가지여서 매번 "지수와 로그의 공식을 노트 끝에 적어 두세요." 그것으로 "수십 번이든 수백 번이든 보면서 손을 움직이세요."라고 지도한다. 이를 반복하다 보면 수열이나 로그의 세계가 '자신의 세계'가 된다. 결국 공식을 무리하게 암기하지 않아도 자기 것이 된다. 저절로 '수의 세계를 들여다보는 일'이 성립된다. 사실 나 역시 연구할 때는 일단 손을 움직여서 연구의 전망을 세운다.

공식을 금방 터득해서 문제를 풀어 버리는, 소위 센스 있는 사람이 가르치면 직접 손으로 반복해서 써보는 일을 필요 없도록 만드는 경향이 있다. 그런 학습법으로 학생은 수학을 '자신의 세계'로 만들 수 없다. 자기 세계가 되지 않는 재미없는 공식을 견디면서 문제를 풀어나가게 된다. 재미없는 것을 인내하느냐 안 하느냐로 수학 실력을 재단하는 것은 매우 안타까운 상황이다.

본질을 추구하다 보면 재미없어질 수밖에 없다. 쓸데없는 부분을 떼어 내기 때문에 어떤 의미에서는 당연하다. 수학 공식은 그런 점이 가장 두드러진다. 그리고 수학을 재미없다거나 납득할 수 없다고 생각하는 것이 꼭 나쁜 것만은 아니다. 그런 부분을 뿌리까지 파고들어 자신의 세계에 가까이 받아들이게 하는 일이 내가 이 책을 쓰면서 생각한 바이다.

제 9 장

수학을 비즈니스의 도구로 쓰다

왜 배우는지
내다보다

야마모토

본래 무엇을 생각하는가? 무엇을 할 수 있는가?

제2부에서는 학교에서 배우는 수학을 되짚어보았다. 새삼 수학은 세상에서 일어나는 일을 '수학이라는 창'을 통해 재검토하는 기법이라는 것을 알 수 있었다.

앞에서 6개의 항목을 살펴봤는데, 그 내용을 우선 정리해보겠다. '본래 무엇을 생각하는가?'라는 시점과 '무엇을 할 수 있는가?'라는 시점에서 바라보면 수학이 우리의 사회생활에 어떻게 관련되어 있는지 알 수 있다.

[도표 9-1] 6개의 항목을 정리하다

	본래 무엇을 생각하는가?	무엇을 할 수 있는가?
수열	• 글자 그대로 '수의 열'이며, 어떤 것이든 수열이 된다 • '몇 번째(제n항)가 어떤 수가 되는가?'라는 것이 과제가 되는 일이 많다 • 또한 어떤 항까지의 총합을 구하는 것도 과제가 된다	• '이렇게 수치가 변하면 어느 시점의 수치는 미래에 어떻게 될까?'를 생각할 때 사용된다 • 금리계산이나 투자의 회수 등 생활이나 경영에서 재정의 변화나 전망을 알 수 있다
로그	• M이라는 수는 'a의 x제곱인가?'라고 생각했을 때 이 x가 로그가 된다 • 가로축을 시간축, 세로축을 로그로 하면 증감의 경향을 파악하기 쉽다. '로그의 창'으로 숫자의 움직임을 파악하면 특히 등비급수적인 수치의 움직임을 파악하기 쉽다	• 급속히 증가하는 수치가 다수 있을 때, 로그로 보면 비교하기 쉬워지고, 변화와 구조를 파악할 수 있다 • '가게 한 곳이나 사이트의 상품별 매출액 수'처럼 자릿수가 다른 수치를 비교해서 전체 구조를 이해할 수 있다

벡터	• 벡터에는 두 관점이 있는데, 하나는 '수의 조합'이고 다른 하나는 '화살표'이다 • 여러 종류의 데이터를 조합해서 다면적으로 대상을 파악하면서 도형으로 볼 수도 있다	• 레이더 차트는 벡터를 도형화한 것 중 하나로, 다양한 수에서 현상을 분석하는 데 응용할 수 있다 • 취급하는 데이터의 차원이 클 때 '무엇이 무엇에 영향을 주고 있는가?'를 분석하는 다변량 해석으로도 이어진다
확률	• 미래에 '어떤 사건이 발생하는가?'라는 가능성의 크고 작음을 비교할 수 있다 • 그 결과 실제로 발생하는 수를 '기댓값'으로 다루면 '얻을 수 있는 가능성'을 검토할 수 있다	• 자연현상이 변화할 가능성을 생각하면 일기예보에 응용되며, 경제적 이득 또는 손실이 발생할 가능성을 밝히기 위해서도 사용된다 • 다양한 가능성을 알면 대비할 수 있다
행렬	• 수를 직사각형 모양으로 나열한 것이 행렬이며, 일정한 규칙 아래에서 합이나 곱을 구할 수 있다 • 행렬의 곱셈은 연립 1차 방정식으로 이루어지는 변환을 나타낸다	• 표계산으로 다루듯이 행과 열이 각각 무엇을 나타낼지 결정한 후 그 관계를 명확히 한다 • 데이터를 분석하는 데 벡터나 행렬의 사고방식이 근저에 있다
미분·적분	• 미분은 변화하는 수치의 '어떤 점'의 상태를 규정하기 위한 사고방식이다 • 적분은 미분의 '역개념'으로 여겨지지만 그 순간을 축적한 결과, 양이 얼마나 되는지 밝힌다	• 시간축에 따라 변화하는 데이터의 움직임을 미세하게 파악하거나 경과에 따라 변화하는 양을 분석하거나 예측한다 • 과거 데이터 분석에서 미래 예측까지 폭넓은 분야에 응용된다

우리는 수학을 통해 다양한 사건의 변화를 보면서 과거를 알고, 미래를 예측한다. 자연현상이라면 일기예보가 가장 친숙할 것이다. 또 경제활동의 예측도 다양한 방법으로 이루어지고 있다.

일상생활과 일에 대한 전망이 좋아진다

또 수학을 통해 현재의 구조를 밝힐 수 있다. 세상에 존재하는 다양한 요인의 관계를 알아야 하기 때문이다

일기예보를 하려면 매일 매시마다 다양한 데이터를 관측한다. 기업 활동에서도 많은 데이터를 수집하고 분석하면서 의사결정을 한다.

사실 이런 사고는 많은 사람들이 일상적으로 하고 있다. 예를 들어 매일 식재료를 사는 일을 생각해 보자. 양은 얼마나 필요하고, 영양은 어떻게 고려해야 할까? 취향은 무엇인가? 예산은 얼마 정도인가? 이런 기준은 가정마다 다르다. 그리고 그때의 날씨, 컨디션, 필요에 따라 다양한 재료를 구입할 것이다.

생각해 보면 꽤 복잡한 정보를 처리하고 있는 셈이다. 그리고 저도 모르는 사이에 수적 처리를 하고 있다. 다만 재료나 가계에 관련된 일에 로그나 미분은 사용하지 않을 것이다.

그런데 분석의 대상이 넓어지고 복잡해지면 수학 기법이 매우 중요해진다. 게다가 디지털화를 통해 다양한 분야에서 여러 가지 데이터를 분석하게 되자 수학적인 기술이 재차 주목받게 되었다.

물론 모든 사람이 항상 수학을 다루고 있을 리는 없다. 하지만 '수학이 원래 어떤 일을 가능하게 하고, 지금 어떻게 도움을 주는지' 알아야 한다. 그러면 일상의 목적이 명쾌해지고 팀워크도 달라진다. 그 결과 조직의 의사결정이 더 탁월해진다. 수학적인 전망이 좋아지면 일상생활과 업무의 전망도 좋아질 것이다.

그래서 이번 장에서는 제2부의 내용을 현실 사례에 대입해 생각해 보겠다.

레이더 차트를 통한
인사 평가

야마모토

사람의 능력을 올바르게 포착하기 위해

사람의 능력을 측정한다는 일은 다양한 상황에서 발생한다. 학교 교육에서 이루어지는 테스트는 그 전형적인 예다.

한편 실사회에서 사람의 능력은 다면적이다. 당연히 테스트만으로 평가할 수 없는 사항이 많은데, 이 경우 평가자의 주관이 지나치게 들어갈 수도 있다. 공정한 인사평가는 영원한 과제라서, 가능한 한 다면적으로 살펴보는 것이 중요하다.

그렇다면 많은 변수들을 어떻게 파악하면 좋을까? 이런 사례들을 생각해보자. 어떤 조직에서는 8가지 지표로 평가를 실시하고 있다. 예전에는 개인의 실적을 수치만으로 평가했지만, 다음과 같은 의견이 많아졌다.

"매출 결과만 반영되고, 과정이 평가되지 않는다."
"다양한 개성을 지닌 사람들이 있으므로 평가도 다면적으로 하는 편이 바람직하다."

그래서 전문가의 의견을 듣고, 8개의 평가축을 마련하게 되었다. 그러나 최근 이 평가 방법에도 의문이 제기되었다.

이런 상황에서 인사 담당자는 새로 부임한 상사에게 다시 현재의 방법을 설명하기로 했다. 다만 담당자도 이 방법에 의문을 느끼고 있다. 8가지 평가 포인트의 평균점이 같아도 확연히 기여도가 다를 수 있다.

담당자는 도표 9-2 같은 전형적인 4명의 사례를 들었는데, 모두 평균점은 같다. 그러나 그것은 현장의 감각을 반영하고 있지 않다고 보인다.

[도표 9-2] 어느 조직의 전형적인 4인의 인사평가

		A	B	C	D
1	커뮤니케이션	8	7	4	4
2	고객지향성	8	7	6	6
3	프리젠테이션 능력	8	7	6	5
4	리더십	8	6	4	4
5	분석력	4	6	9	7
6	문제해결력	6	6	8	6
7	업무관리	3	7	7	9
8	업무지식	5	6	8	9

구체적으로 다음과 같은 지적이 있다.

- A처럼 커뮤니케이션, 고객지향성, 프레젠테이션 능력, 리더십이 모두 높은 유형이 존재한다
- 반면에 C처럼 분석력, 문제해결력이 각각 높은 유형이 존재한다.
- 전체적으로 눈에 띄지 않지만 업무관리, 업무지식에 뛰어난 D유형도 일정 수가 있다

현장의 감각으로는 A나 C와 같은 유형으로 팀을 조직하면 성과가 오르는 것을 실감하지만, 현재 상태로는 어떤 유형이든 점수가 비슷해져서 B와 같이 큰 특징이 없는 사원도 같은 점수가 된다.

여기에서 다음의 논의를 했을 때 수학적으로 분석·표현하는 방법을 생각한다.

- 평가가 비슷해지는 항목을 정리하려면 어떻게 해야 할까?
- 이 조직에서는 개인의 실적 성과를 수치화하고 있다. 실제 실적으로 연결되는 특징을 알면 그 능력을 중점적으로 평가할 필요가 있지 않을까?

이럴 때 지금까지 종종 사용된 것이 레이더 차트다.

[도표 9-3] 인사평가의 레이더 차트①

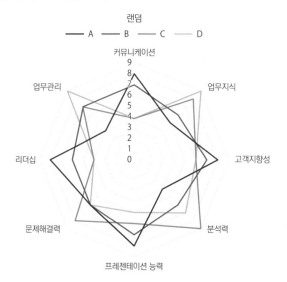

제5장의 벡터에서는 공장 생산량의 예시로 설명했다.

레이더 차트 자체는 데이터를 표계산 소프트웨어에 입력하면 그릴 수 있고, 보는 방법도 쉬운 편이다.

보는 방법 ① 만들어진 도형의 면적이 크면 대체로 평가가 높다

보는 방법 ② 만들어진 도형의 형태는 지표 간의 균형을 나타내고 있다. 불균형하다는 것은 지표가 특별히 뛰어나거나 뒤떨어진다는 의미다.

자명한 이야기지만, 그렇기 때문에 작성할 때는 여러모로 주의해야 한다.

주의점 ① 어떤 항목을 수치화해야 하는가?

비슷한 항목만 나열하면 비교의 재료가 되지 않는다. 또 너무 많은 항목이 나열되어 있을 경우 비교가 어려워진다.

주의점 ② 데이터는 상대적으로 표준화되어 있어야 한다

1개의 항목에서 10점이 최고점이고, 4명의 점수가 각각 8, 9, 9, 9라면 거의 차이가 없다고 해도 좋을 것이다.

그렇다면 이 차트에 포함시킬 필요가 없다. 반면에 1, 5, 9, 9와 같은 수치가 된다면 상당히 큰 차이가 난다. 단순히 아무 수치나 집어넣으면 되는 것이 아니라 그것을 사용해 무엇을 할 것인지 판단 기준을 바탕으로 해야 한다.

주의점 ③ 지표를 나열하는 순서에도 의미가 있다

여기에서는 8가지 지표에 관한 차트를 그리고 있지만, 그것을 어떤 순서로 나열할지 생각해야 한다.

담당자는 두 종류의 레이더 차트를 준비했다. 하나는 항목을 '랜덤'으로 했다. 도표 9-3은 항목을 랜덤하게 나열하고 있다. 도표 9-4는 '관련순'으로 나열한 것이다. 이 두 가지 차트는 인상이 상당히 다르다. 특히 '관련순'을 보면 항목 사이의 관계를 알 수 있다.

[도표 9-4] 인사평가의 레이더 차트②

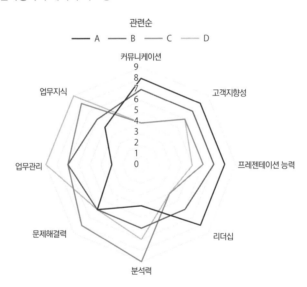

한번 풀어헤쳐서 생각하려면 어떻게 해야 할까?

여기서 확인해두겠다. 우리가 수학을 사용할 때는 실제 대상을 수로 표현한 뒤 수학의 세계로 가지고 와서 그 힘으로 어떤 결론을 내고, 실제의 세계로 가지고 돌아가는 과정을 거친다. 이때 중요한 것은 다음과 같은 점이다.

① 무엇을 수치화하는가?
② 어떻게 수치화하는가?
③ 수학 세계에서 어떻게 다룰 것인가?

이런 점은 상당히 자의적이 될 수도 있다. 그때는 실제 대상을 어떻게 파악할지, 또 제2부에서 서술한 것처럼 '어떤 눈으로 볼 것인지'를 검토할 필요가 있다. 숫자는 거짓말을 하지 않는다는 사람도 있지만, 무작정 그렇게 말하는 것은 위험하다.

이 경우에도 '① 무엇을 수치화하는가?', 즉 '평가 항목의 선정'이 큰 영향을 미친다. 관련순으로 보여주는 것은 이 평가방법에 구태여 궁금증을 유발하는 효과가 있을지도 모른다.

A의 평가가 높은 항목을 줄이고, B나 C의 평가를 높이는 항목을 포함하면 종합평가에 영향을 미친다. 평가항목의 수를 늘릴 수도 있지만, 그러면 무엇을 평가하는지 모르게 된다.

평가항목 자체는 기업마다 다를 것이다. 요구하는 인재상이 다르면 평가 시점도 바뀐다. 그래서 객관성을 높여 지표 자체를 재구축하려면 다양한 업계의 인적 데이터를 많이 가지고 있는 회사에 조언을 구할 필요도 있다. 현실적으로 비용이 들겠지만, 사내에서 아무리 레이더 차트를 다시 만들어도 출구가 보이지 않을 수도 있다.

 이렇게 살펴보면 간단히 만들 수 있는 레이더 차트도 신중하게 다루어야 한다는 것을 알 수 있다. 언뜻 보기에 '수학적'으로 보이는 도표에도 사실 자의성이 들어가 불충분한 경우도 많다. 익숙하게 쓰는 레이더 차트에서도 숫자의 의미를 추구하면 제도 자체의 숨겨진 문제점을 발견할 수 있다.
 수학적으로 쓰려고 하면 현재 상황에서 숫자의 다양한 의미를 다시 생각하게 된다. 그런 문제 발견을 위해서라도 손을 움직여 숫자를 다루는 것이 중요해지는 것이다.

리볼빙의
무서움을 알다

소부카와

이 책의 목적 중 하나는 수학적으로 '쓰기'다. 이번에는 수열의 사고를 이용해 직접 표현할 수 있는 것을 생각해 보자. 물론 수식으로 나타내어 수학으로 풀어도 되지만, 계산 부분은 컴퓨터에 맡기려고 한다. 모두에게 익숙한 엑셀을 사용하겠다.

복리 계산과 엑셀

가장 단순한 이자 이야기부터 시작하겠다. 발생한 이자가 원금에 편입되어 점점 커지는 경우다. 구체적인 예를 들어 살펴보자.

처음에 100만 원을 빌렸다고 하자.[1] 이율은 월리로 0.2%로 한다.[2] 이것을 매월 복리로 계산하면 어떻게 될까? 시작할 때의 잔고를 B0, n개월 후의 잔고를 Bn이라고 한다. 일단 특별히 상환도 아무것도 하지 않은 경우, 식으로 나타내면 다음과 같다.

$$B_{n+1} = B_n + \left(\frac{0.2}{100}\right)B_n = \left(1 + \frac{0.2}{100}\right)B_n$$

---

1) 나중에 상환을 생각하기 때문에 여기에서는 차입금으로 하는데, 예금이나 적립을 생각해도 부호가 바뀔 뿐 같아진다.

2) 연리로는 2.4%로 표시된다.

등비수열이라고 보면 일반항을 구할 수도 있지만, 여기에서는 그런 계산은 하지 않고, 엑셀로 표현하는 것을 생각한다.

전체 설정은 처음에 이런 식으로 입력해보겠다.

[도표 9-5] 복리계산①

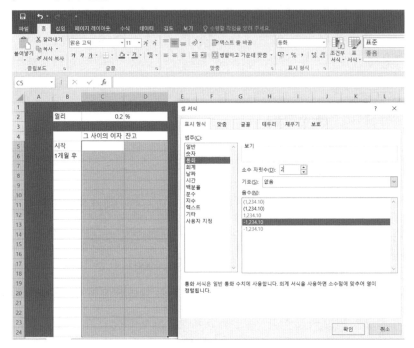

C열, D열의 5행 이하는 원이 아니라 백분의 일 단위까지 계산하기 위해 우클릭→셀서식→표시형식→통화로 들어가서 소수점 이하의 자릿수를 2로 한다. 그리고 월리 0.2%와 최초의 잔고를 입력한다.

[도표 9-6] 복리계산②

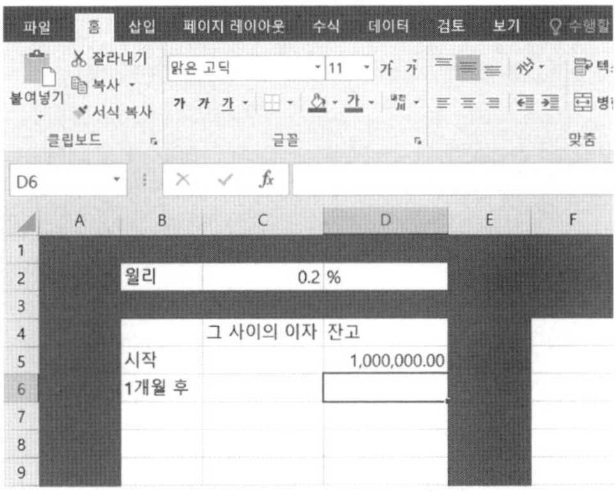

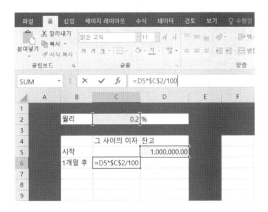

다음 한 달 후다. 한 달 사이에 잔고의 0.2%만큼 이자가 붙기 때문에 시작 때의 잔고에 'C2셀'에 있는 이율을 곱해서 100으로 나누어 '그 사이의 이자'로 한다. 그런 뒤 막힘없이 복사하기 위해 C2로 해야 할 곳을 절대번지 C2로 수정한다. Enter를 누르면 이자가 계산된다.

[도표 9-7] 복리계산③

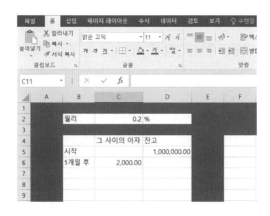

그리고 그것을 잔고에 더한다. Enter를 누르면 계산된다.

D6에는 전 달의 잔고 D5에 최근 1개월의 이자 C6을 더한 합계를 둔다.

[도표 9-8] 복리계산④

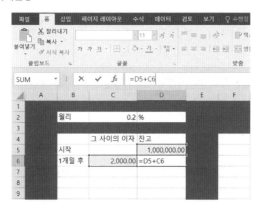

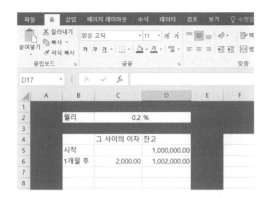

'셀C6-D6'에는, 전 회의 잔고에 1개월간의 이자를 얹은 계산이 되기 때문에 그것을 복사해서 C열 D열에 붙인다.

[도표 9-9] 복리계산⑤

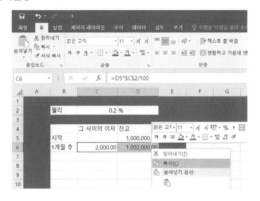

[도표 9-10] 복리계산⑥

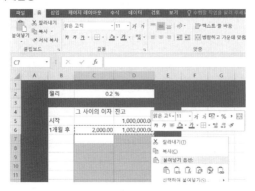

Enter를 누르면 자동으로 잔고를 계산해준다.

[도표 9-11] 복리계산⑦

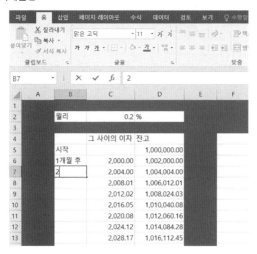

적는 김에 월수도 적어두자.

[도표 9-12] 복리계산⑧

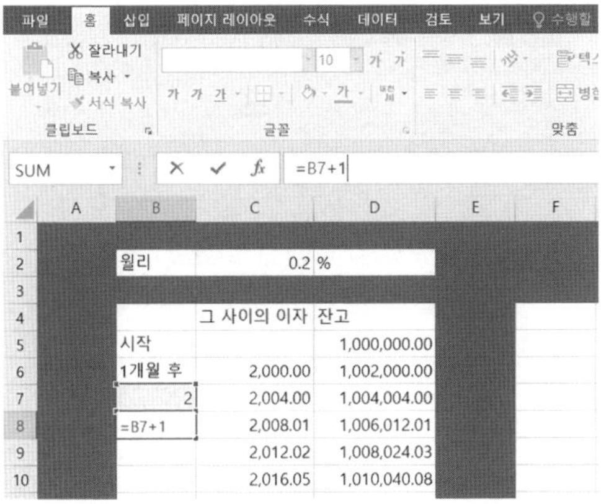

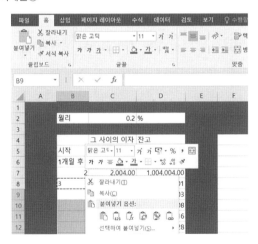

B8의 셀에 이렇게 쓰면 하나 위+1을 계산해준다. 그다음 이것을 복사해서 B열 B9 이하로 붙이자. 붙여넣기 옵션은 다시 가장 왼쪽의 표준을 사용한다.

[도표 9-13] 복리계산⑨

[도표 9-14] 복리계산⑩

A	B	C	D	E
1				
2	월리	0.2	%	
3				
4		그 사이의 이자	잔고	
5	시작		1,000,000.00	
6	1개월 후	2,000.00	1,002,000.00	
7	2	2,004.00	1,004,004.00	
8	3	2,008.01	1,006,012.01	
9	4	2,012.02	1,008,024.03	
10	5	2,016.05	1,010,040.08	
11	6	2,020.08	1,012,060.16	
12	7	2,024.12	1,014,084.28	
13	8	2,028.17	1,016,112.45	
14	9	2,032.22	1,018,144.67	
15	10	2,036.29	1,020,180.96	
16	11	2,040.36	1,022,221.33	
17	12	2,044.44	1,024,265.77	
18	13	2,048.53	1,026,314.30	
19	14	2,052.63	1,028,366.93	
20	15	2,056.73	1,030,423.66	

정액 상환(원리균등상환)

다음으로 매월 일정 금액을 상환하는 경우를 생각해 보자. 최초의 잔고(원금)도 그 후 붙은 이자도 합해서 일률적으로 상환하는 경우를 원리균등상환이라고 한다.[3]

상환금액을 Pn으로 나타내면 잔고는 다음과 같이 나타낼 수 있다.

$$B_{n+1} = \left(1 + \frac{0.2}{100}\right) B_n - P_n$$

---

[3] 이 외에 원금을 균등할부로 해서 이자 분을 추가해 지불하는 원금균등상환도 여러 상황에서 사용되고 있다. 여기에서 설명하는 것처럼 엑셀로 계산할 수 있지만, 이 책에서는 생략한다.

먼저 엑셀 표에서 열을 하나 추가한다.

[도표 9-15] 정액 상환①

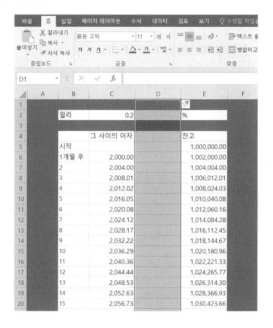

일단 매달 8만 원씩 갚기로 하자. 전 회의 잔고에 이 기간의 이자를 더하고 상환액을 빼면 이번 회의 잔고가 되기 때문에 잔고 부분의 식은 이렇게 바뀐다.

나머지는 '셀 D6-E6'을 같은 열의 아래쪽에 복사하면 매달의 잔고를 구할 수 있다.

이 예에서는 13번째 상환이 끝나면 잔고가 마이너스가 되기 때문에 13번째는 과도한 상환이 된다. 그 액수를 줄여야 상환이 딱 끝난다.

본래는 상환 횟수를 먼저 결정하고 매달의 상환 금액을 결정하는 계산을 한다. 그 계산 방법도 있지만, 이 방식으로 대략적인 금액을 어림잡아 적용시키는 것도 충분히 사용할 수 있는 방법이다.

리볼빙 크레디트

또 하나 응용편으로 최근 광고가 활발한 리볼빙을 생각해 보자.

조금 실정에 맞는 금액으로 생각하고 싶기 때문에 처음에 10만 원의 쇼핑을 하고, 매월 2만 원씩 분할해서 상환한다고 하자. 이자는 연리 18%, 월리 1.5%로 본다.

더는 쇼핑을 하지 않고 매월 상환하면 원리균등상환이 되므로 앞의 엑셀 시트 수치만 바꾸면 된다. 그러면 6개월 후에 4753원 남짓 상환하면서 마무리된다.

[도표 9-17] 리볼빙①

	A	B	C	D	E	F
1						
2		월리	1.5		%	
3						
4			그 사이의 이자		잔고	
5		시작			100,000.00	
6		1개월 후	1,500.00	20,000.00	81,500.00	
7		2	1,222.50	20,000.00	62,722.50	
8		3	940.84	20,000.00	43,663.34	
9		4	654.95	20,000.00	24,318.29	
10		5	364.77	20,000.00	4,683.06	
11		6	70.25	4,753.31	0.00	

그런데 2개월이 지난 뒤 갖고 싶은 것이 생겼다. 리볼빙으로 하면 매월 정액은 같고, 기왕 추천받았으니 리볼빙으로 한다. 지금은 2만 원씩 내고 있으니 같은 액수라면 괜찮을 것이라고 판단한다.

당연히 수열로 나타낼 수 있지만, 그보다 지금까지 했던 것처럼 엑셀에 수식을 기입해서 실제 금액을 넣어 살펴보자.

방금 전 2만 원을 계속 갚아서 잔고가 마이너스가 되는 시트를 그대로 사용하고, 열을 하나 추가한다.

[도표 9-18] 리볼빙②

	A	B	C	D	E	F	G
1							
2		월리		1.5		%	
3							
4			쇼핑 이용	그 사이의 이자		잔고	
5		시작				100,000.00	
6		1개월 후		1,500.00	20,000.00	81,500.00	
7		2		1,222.50	20,000.00	62,722.50	
8		3		940.84	20,000.00	43,663.34	
9		4		654.95	20,000.00	24,318.29	
10		5		364.77	20,000.00	4,683.06	
11		6		70.25	20,000.00	-15,246.69	
12		7		-228.70	20,000.00	-35,475.39	
13		8		-532.13	20,000.00	-56,007.52	
14		9		-840.11	20,000.00	-76,847.64	
15		10		-1,152.71	20,000.00	-98,000.35	
16		11		-1,470.01	20,000.00	-119,470.36	

일단 쇼핑을 4만 원 했다고 하자. 그만큼을 더한 것이 2개월 후의 잔고
가 된다.

[도표 9-19] 리볼빙③

SUM f_x =F6+D7-E7+C7

	A	B	C	D	E	F	G	H
1								
2		월리		1.5		%		
3								
4			쇼핑 이용	그 사이의 이자		잔고		
5		시작				100,000.00		
6		1개월 후		1,500.00	20,000.00	81,500.00		
7		2	40,000.00	1,222.50	20,000.00	=F6+D7-E7+C7		
8		3		940.84	20,000.00	43,663.34		
9		4		654.95	20,000.00	24,318.29		
10		5		364.77	20,000.00	4,683.06		
11		6		70.25	20,000.00	-15,246.69		

이것을 셀 F8에서 쭉 아래로 복사한다. 엑셀은 한꺼번에 계산해준다. 도

표 9-20을 보면 8개월 후에는 상환이 끝나기 때문에 비교적 마음이 편해진다. 매달 2만 원씩 내므로 4만 원은 2개월에 갚을 수 있을 것이다.

[도표 9-20] 리볼빙④

	A	B	C	D	E	F	G
1							
2		월리			1.5	%	
3							
4			쇼핑 이용	그 사이의 이자		잔고	
5		시작				100,000.00	
6		1개월 후		1,500.00	20,000.00	81,500.00	
7		2	40,000.00	1,222.50	20,000.00	102,722.50	
8		3		1,540.84	20,000.00	84,263.34	
9		4		1,263.95	20,000.00	65,527.29	
10		5		982.91	20,000.00	46,510.20	
11		6		697.65	20,000.00	27,207.85	
12		7		408.12	20,000.00	7,615.97	
13		8		114.24	20,000.00	-12,269.79	

안심한 당신은 그 2개월 후에 또 4만 원의 쇼핑을 한다. 상환이 끝나는 때는 처음에서 10개월 후다. 아직은 마음이 놓인다.

이렇게 해서 두 달마다 4만 원의 쇼핑을 한다. 그래도 매달 2만 원씩 갚고 있으니 괜찮다. 그리고 3년 정도 즐겁게 지낸 당신은 어느 날 대출 잔고를 보고 놀라게 된다. 격월로 4만 원을 써서 매달 2만 원을 갚으니 그만큼 늘어나지는 않았을 것이다. 그런데 이자만 4만 원 이상이 되어 있음을 알 수 있다.[4] 또한 5년 후가 되면 잔고가 20만 원을 초과하게 된다.

---

4) 37개월 후의 잔고는 14만 6335원 정도.

음식점 출점 계획의
힌트를 찾는다

야마모토

궁금한 가설을 로그로 확인하다

지금까지는 시간의 경과와 양적 변화를 분석하는 사례를 많이 보았다. 그러면 좀 더 관점을 넓혀서 다양한 숫자를 로그로 비교 분석을 하면 어떨까?

여기에서는 각 지역별 음식점 수에 관해 자세히 다뤄보겠다. 일본에서 음식점이 가장 많은 곳을 생각했을 때 우선 생각나는 곳은 도쿄, 그리고 두 번째는 오사카가 아닐까? 실제 숫자도 그렇다. 도쿄, 오사카에 이어 가나가와가 눈에 띈다.

그리고 x축에 인구밀도(사람/km2), y축에 음식점의 수를 넣었다. 도표 9-21는 분석 결과다.

[도표 9-21] 인구밀도와 음식점 수의 관계(실수)

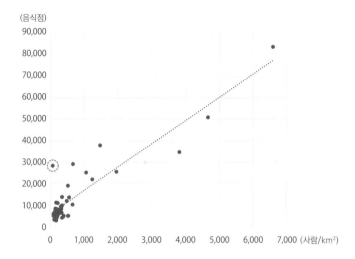

거의 우상향의 경향이 보인다. 인구 밀도가 높다는 것은 도시화가 진행되고 있음을 의미한다. 참고로 회귀 직선을 그어 보면 몇 개의 지역은 위쪽에 점재하고 있다.

아이치, 효고, 후쿠오카 등에서 이것은 '인구밀도는 상위만큼 높지 않지만 음식점은 상대적으로 많다'라는 뜻이다. 그러나 왼쪽 아래 대부분의 지역이 들어가기 때문에 전체적인 경향이 별로 보이지 않는다.

그래서 각각의 수를 10을 밑으로 한 로그로 다시 분석하면 어떻게 될까? 도표 9-22를 보자.

[도표 9-22] 인구밀도와 음식점 수의 관계(로그)

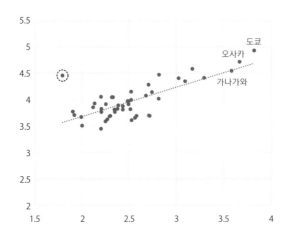

이 경우도 전체적으로 우상향이 되는 것을 알 수 있다. 그리고 점의 분포도 보기 쉬워졌다. 신경 쓰이는 것은 왼쪽 상단에 있는 동그라미로 둘러싼 점이다. 실수일 때도 눈에 띄었지만, 로그 그래프로 보니 특이성이 더 잘 보인다. 인구밀도가 일본에서 가장 낮음에도 음식점 수는 상위에 있음을 알 수 있다.

이곳은 어디일까? 잠시 생각해 보면 홋카이도라고 짐작된다. 광대한 자연환경이 있는 반면에, 삿포로와 하코다테, 오타루 등에 많은 음식점이 있기 때문이다.

그럼 이 데이터를 통해 무엇을 생각할 수 있을까? 우선 관광지로 홋카이도가 인기 있는 이유를 알 수 있다. 자연환경을 즐길 수 있을 뿐 아니라 도시의 음식점에서 갖가지 음식을 맛볼 수 있다. 2개의 수치를 로그로 보면 홋카이도의 장점이 보이는 것이다.

또한 아이치, 효고, 후쿠오카가 '인구밀도에 비해 음식점이 많다'라는 점에서 무엇을 알 수 있을까? 각 현에는 나고야 시, 고베 시, 후쿠오카 시 등

번화한 거리도 있지만, 조금만 걸으면 바다와 산의 자연에 둘러싸여 있다. 이런 지역에 사는 사람에게 "살기 편해서 떠나기 싫다."라는 이야기도 자주 듣는데, 이 2개의 수치를 통해 환경의 특징도 알 수 있다.

이런 시점은 인구밀도가 낮다는 이유만으로 음식점을 출점하기에 적합하지 않다고 판단한 지역을 재검토해볼 때 도움이 된다. 인구밀도가 낮지 않음에도 음식점 수가 적은 지역도 다수의 지역을 조사해 음식점이 적은 이유를 찾아 출점 후보지를 찾아내거나 후보지에서 제외하는 데 활용할 수 있다.

'로그의 창'으로 보이는 풍경은 이렇게 다양한 모습을 보여준다.

제 10 장

수학적으로

말하기 · 쓰기

수학적으로 쓰기

소부카와

해답이 없는 문제는 어떻게 할까?

제2장에서 다룬 논문의 논의를 다시 한 번 되짚어보자. 생각하던 것은 다음과 같은 정리였다.

[정리] 삼각형의 세 변 중 두 변 길이의 제곱의 합이 다른 한 변의 제곱과 같다면 그 다른 한 변을 마주보는 각은 직각이다.

또는

$$\triangle ABC \text{에서} \quad BC^2 = AB^2 + AC^2 \;\Rightarrow\; \angle A = 90° \qquad (10.1)$$

느닷없이 이런 문제를 내고 증명하라고 해도 쉽게 할 수 있을 리가 없다.

그런데 어쩐지

생각이 번뜩 떠오르지 않는다 → 손이 멈춰버린다 → 모르겠다 → 싫다

이렇게 막막해지는 사람이 많이 보인다.

비즈니스 세계에서는 오히려 지금까지 만난 적 없는 새로운 과제에 상대하는 것이 일상이다. 그럴 때는 어떻게 대응해야 할까? 수험 공부를 하며 풀던 시판 수학문제집에는 반드시 있었던 '뒤의 해답 페이지'가 없기 때문에 어떤 방법으로 대응해야 한다.

여기에서는 이 문제에 어떻게 대처할지 보면서 수학적 사고와 진행방식, 이어서 수학적으로 쓰기의 유용성에 대해 알아보도록 하겠다.

상황 파악-실패의 권유

구체적인 예를 한번 살펴보자. 먼저 세 변이 모두 5cm인 삼각형을 그린다. 정삼각형이 될 것이다. 세 각은 크기가 같다. 그것이 60°임을 알고 있으면 이야기가 간단하지만, 그것을 몰라도 그림을 보면 어느 것도 직각이 아니라는 사실은 직관적으로 알 것이다.

[도표 10-1] 삼각형으로 시행착오를 겪는다

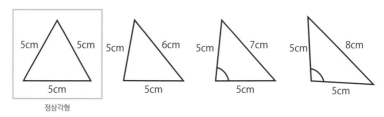

여기에서 두 변은 그대로 5cm로 하고, 한 변만 6cm로 하면 어떻게 될까? 이 경우에서는 정삼각형이 아니라 (60°보다) 조금 큰 각이 생기지만, 보아하니 아직 직각까지 가지 않은 듯하다.

5cm, 5cm, 7cm라면 어떨까? 제대로 그리면 직각에 상당히 가까운 것처럼 보이지만, 아직 조금 작은 것 같다. 그다음 5cm, 5cm, 8cm를 해보겠다. 이렇게 하면 분명히 너무 큰 것을 알 수 있다. 그렇다면 5cm, 5cm, 7.?cm로 직각삼각형이 만들어지지 않을까? 일단 7.5cm로 계산해 본다.

$$5^2 + 5^2 = 50 \quad 7.5^2 = 56.25 \tag{10.2}$$

조금 긴 것 같다. 7.2cm로 하면? 7.22=51.84, 다시 7.12=50.41, 점점 가까워지는 듯하다. 아마 어느 지점에서 똑같아지고, 그때 직각이 될 것이다.

그러나 변의 길이가 소수가 되면 번거롭고, 계산이 딱 맞는 기분이 들지 않는다. 좀 더 다른 사례, 가령 5cm, 6cm, 7cm라면? 5cm, 6cm, 8cm는? 5cm, 7cm, 9cm는?

이렇게 다양한 사례로 실패해보면서 시도해보면 대략적인 느낌을 알 수 있고, 이 정리가 성립되는지 어떤지 감을 잡을 수 있다.

많은 사람이 "도형은 싫어." "증명문제는 싫어."라고 말한다. 안타깝게도 학교 수업에서는 시간을 많이 낼 수 없기 때문에 바로 "문제를 풀자. 답이 뭐지?"라고 하기 때문에 문제 자체를 음미하지 못한다. 그러면 상황을 쉽게 파악할 수 없고, 해결 방침을 생각해낼 수도 없다.

물론 바로 풀 수 있으면 그것대로 즐거울 수도 있으나 우선은 이렇게 시간을 들여 차분히 상황을 파악하고, 온전히 내 것으로 만들어야 하지 않을까? 큰 문제일수록, 어려운 문제일수록 그럴 것이다.

그리고 보니 기업가 교육을 위한 강좌를 보고 있으면 자주 '실패의 권유'를 볼 수 있다. 작은 실패를 많이 겪으면서 배운 것이 축적되면 나중에 큰 양식이 된다는 것이다.

이것은 수학만이 아니라 많은 학술 연구에서도 보인다. 많은 시도와 실패 위에 작은 성공이 나오는 사례가 있다. 보고되는 것은 성공한 사례뿐이지만, 실패하는 것이 반드시 나쁜 것만은 아니다. "실패는 성공의 어머니"라는 말은 비즈니스에도 학술연구에도 통한다.

상황 분석-문제를 풀 수 있게 하다

다양하게 시도해서 어느 정도 분위기가 파악되면 다음은 현상으로 알고 있는 것을 분석·정리한다. 위의 사례로 말하자면 다음과 같은 내용이 떠오를 것이다.

1. 증명하고 싶은 명제(10.1)에 대한 역, 즉 피타고라스의 정리는 참이라고 알려져 있다.

직각삼각형의 빗변(직각 맞은편 변) 길이의

2제곱은 다른 두 변의 2제곱의 합과 같다

2. 삼각형은 세 변의 길이를 알면 일단 정해진다. 다른 경우는 없다
3. 삼각형, 또는 직각삼각형의 합동 조건이 여러 가지 있다
4. 삼각형의 세 각의 합은 180°이다

이 외에도 생각할 수 있는 사항이 있을 것이다. 중요한 것은 다음과 같다.

• 알고 있는 것·할 수 있는 일을 끝까지 한다
• 쓸데없는 일이라도 마다하지 않는다

처음부터 모르는 것은 할 수 없다. 우선은 내가 할 수 있는 일이 무엇인지, 아는 것이 무엇인지 전부 짚어 보는 것이 해결의 첫걸음이다.

당연히 사용하지 않는 지식이나 쓸데없는 고찰도 많이 나올 것이다. 수험 공부를 하던 버릇으로 무심코 '최단거리로', '최소한의 노력으로 가성비 좋게' 할 것을 생각하지 않았는가? 그것은 문제가 완전히 풀리고 나서 해야 하고, 이 단계에서는 알고 있는 것을 가능한 한 열거하는 편이 낫다.

계속 두드리지 않으면 열리지 않는 법이다. 수학 연구는 대략 100번 시도해서 한 번 잘하면 훌륭하다는 느낌이다. 물론 연구자는 어느 정도 전망을 가지고 연구하지만, 대부분의 접근방식은 실패한다. 그래도 다음 접근법을 반복하다 보면 해결의 실마리를 찾을 수 있다. 학문은 그런 일이 반복되면서 진보한다.

방침을 세운다-실현을 향하여

재료를 많이 모았다면 그 안에서 스토리를 지어보자. 가능하다면 목적을 향하는 길을 똑똑히 확인하고 싶다. 일반적으로 "역은 반드시 참이 아니다."라고 하지만, 지금 문제로 하는 것은 "역도 참이 된다."라는 주장이다.

전제 조건은 $\triangle ABC$에서 $BC^2 = AB^2 + AC^2$. 그러나 이 삼각형은 더 이상 아무것도 할 수 없기 때문에 다른 $\triangle DEF$에서 다음이 되는 것을 생각하기로 한다.

$$DE = AB, \quad DF = AC, \quad \angle D = 90° \tag{10.3}$$

이제는 직각삼각형이라고 알고 있으니 피타고라스의 정리를 이용해 $EF^2 = DE^2 + DF^2$라고 할 수 있다. 여기에서 전제 조건으로부터 다음이라는 것을 알 수 있다.

$$EF^2 = DE^2 + DF^2 = AB^2 + AC^2 = BC^2 \qquad (10.4)$$

물론 EF도 BC도 변의 길이이므로 0이상이다. 따라서 $EF=BC$라는 것을 알 수 있다.

여기에서 $\triangle ABC$와 $\triangle DEF$를 비교해보자.

$$AB = DE, \quad AC = DF, \quad BC = EF \qquad (10.5)$$

세 변이 각각 같음을 알 수 있다. 그렇다면 이 두 삼각형은 합동(딱 겹친다)이라고 할 수 있다. 그 결과, $\angle A = \angle D = 90°$라는 결론이 나온다.

논리적으로 표현하는 것의 의의

이렇게 표기해놓으면 보기만 해서는 헷갈린다는 사람이 많다. 그러나 한 단계씩 확인해보자. 식과 정리 번호가 쓰여 있으므로 하나씩 찾아서 내용을 확인한다. 그러면 각각 특별히 어려운 점은 없을 것이다.

유일하게 어려운 것은 $\triangle DEF$가 나오는 부분이다. 왜 이런 내용이 나올까? 그때 상황 분석이 중요해진다. 중요한 것은 이것이다.

알고 있는 것이 무엇인가?

이 문제에서 알고 있는 것은 다음 두 가지다.

• 한 각이 직각이라면 무엇을 알 수 있을까?

• 다른 삼각형이라도 딱 겹치는 것이 있다

어려운 내용은 아니지만 의외로 혼란스러울 수 있다.

사실 여기에서 이용한 방법은 수학의 다른 사례에서 자주 쓰이는 방식이고, 그것을 알아두는 것은 수학을 배우는 데 필요하다.

그러나 비즈니스에 별로 관계가 없기 때문에 이 책에서는 지나치게 깊이 파고들지 않기로 한다. 그보다 중요한 것을 말하겠다. 수학을 잘 못하는 사람은 혹시나 하고

번뜩 떠오르지 않는다, 생각이 나지 않는다

이렇게 생각하는 경우가 많은 것 같다.

그런데 실제로 완전히 새로운 발상이 필요한 수학 문제는 거의 없다. 대개 알고 있는 것을 전부 열거하면 그 안에 방법이 있다고 생각해도 된다. 그러기 위해서는 꼼꼼하게 분석하고 그것을 표현하는 것=수학적으로 쓰기=논리적인 표현이 큰 힘을 줄 것이다.[1]

문제해결보다 문제발견

장르에 따라 다르지만 문제를 풀기보다 의문과 문제 찾기가 더 중요하다

---

1) 물론 최첨단의 수학 연구에서는 확 떠오르는 생각이 필요할 수도 있다. 하지만 그렇다 해도 이미 알려진 수학 세계 중 어딘가에서 빌려 쓰는 경우가 대부분이다. 만약 수학의 세계에서 전혀 새로운 발상이 나온다면 큰 뉴스가 될 것이다. 그것은 전 세계에서 몇 년에 한 번 있는 일이다. 그런 새로운 발상이 세계를 크게 변화시켜 온 것은 확실하지만 말이다.

는 학문 분야가 많은데, 수학도 그중 하나다.

물론 풀 수 있으냐, 없느냐도 중요하지만 풀릴 것이라고 하면서 몇백 년이 지나서야 풀리는 경우도 있고, 경우에 따라서는 풀리지 않는다는 것이 증명되기도 한다. 풀리지 않는 것이 증명된다는 것은 꽤 이상하지만, 그것도 부정적인 해결이라는 의미가 있다.

예를 들어 여기에 든 피타고라스의 정리의 역·(10.1)을 발전시킨 다음 문제가 있다.

$$x^2+y^2=z^2가 \ 성립되는 \ 정수가 \ 있는가?$$

x, y, z를 3:4:5로 두면 성립되는 것은 이미 언급했다. 이 외에도 5:12:13 등 무한한 조합이 있다는 것을 알 수 있다. 단 측량에서는 3:4:5가 가장 사용하기 쉽기 때문에 그 이외는 수학 마니아의 흥미의 영역이라고 해도 어쩔 수 없다.

하지만 진짜 마니아는 그 정도로 성에 차지 않아 계속 흥미의 영역을 넓힌다. 프랑스의 수학자 페르마(Pierre de Fermat, 1607~1665)는 이 문제를 다음과 같이 확장했다.

$$x^2+y^2=z^2가 \ 성립되는 \ 정수 \ x, y, z가 \ 있는가?$$
$$x^4+y^4=z^4가 \ 성립되는 \ 정수 \ x, y, z가 \ 있는가?$$
$$\vdots$$

페르마는 3이상의 어떤 n에 대해서

$$x^n+y^n=z^n$$가 성립되는 정수 x, y, z 는 없다

이것을 '증명했다'라고 기록으로 남겼다(그 증명이 실제로 기록된 것은 발견되지 않았다).

이 문제는 이해하기는 쉬울지 몰라도 오랫동안 풀지는 못했다. 특별한 n 의 경우에 대해서는 페르마 자신의 증명도 포함해 많은 연구가 이루어지고, 많은 사람(=수학 마니아?)이 동경했지만, 모든 케이스를 해결하는 데에는 꽤 긴 세월이 걸렸다.

페르마 사후 290년이 지난 1955년에 일본의 수학자 다니야마 유타카(谷山豊)가 제시한 문제가 있었다. 얼핏 무관해 보이는 문제였으나(나중에 시무라 고로(志村五郎)에 의해 정리되었다) 다니야마-시무라의 문제가 풀린다면 그것을 이용해 페르마의 문제도 풀 수 있다는 것을 발견한 사람이 있었다(1986년).

다니야마-시무라의 문제도 비교적 간단하게 표현할 수는 있지만, 쉽게 풀 수 있는 것은 아니었다. 그러나 1995년에 와일즈(Andrew John Wiles)가 해결하면서 페르마의 문제는 330년이 지나 해결되었다.

이런 과정에 나오는

다니야마-시무라의 문제가 풀리면 페르마의 문제도 풀린다

이런 것도 원래 그런 관계(문제)를 찾아낸 것이 어려웠을 것이다.

게다가 요즘에는 페르마 자신이 최초의 문제를 풀지 못했을 것이라는 견해가 일반적이다. 결국 페르마는 단순히 착각했을 뿐일지도 모른다. 그래

도 그 후 오랫동안 많은 사람들의 흥미를 끌며 주변의 여러 수학 이론을 발전시킨 것은 틀림없고, 이 또한 위대한 성과라고 할 수 있다.[2]

이렇게 '좋은 의문'을 내기는 쉽지 않지만, 한편으로 수학에서 '좋은 의문'이 발견되면 그 단계에서 이야기가 해결된 것이나 다름없는 경우가 많다. 문제의식을 잘 정리했기 때문에 본질을 알 수 있었다, 그래서 지금까지 알려지지 않았다, 하지만 의미 있는 새로운 문제를 낼 수 있다, 푸는 것 자체는 별로 어렵지 않다. 이런 구도다.

그렇게 되면 이야기는 비즈니스 세계에 접근한다. 예를 들어

대도시 지역에서는 통근 시간이나 교통 기관의 혼잡이
사회적인 손실이다

이런 상황에 대해 해결 방법으로 '철도를 신설한다' '운행 대수를 늘린다' 라는 것을 생각할 수 있지만, 피크타임에 맞춰 투자해도 그 외의 시간대에는 소용없게 되므로 쉽게 진행되지 않는다.

그런데 공교롭게도 2020년의 코로나 사태 때문에 사람과 사람 사이의 접촉이나 모임이 문제라고 해서 원격근무가 권장된 결과,

애초에 도심의 사무실에 전원이 정시에 모일 필요가 있는가?

이런 식으로 이야기가 들어가면서 문제 자체가 바뀌었다.

이제까지 플렉스 타임(자유 근무 시간제) 등을 채택한 기업도 있었지만,

이를 계기로 도심의 사무실을 축소하거나 없애서 재택근무를 중심으로 하는 곳이 많아졌다. 문제를 바꿔 큰 패러다임 전환이 일어난 셈이다.

이것은 천재지변이 일어난 탓에 본질이 밝혀져 다시 생각하게 된 경우지만, 새롭게 시대를 만들어 가는 것을 생각한다면, 여러 곳으로 의심의 눈을 돌려 새로운 문제를 찾아내는 것이 중요해진다.

수험 공부처럼 주어진 문제를 푸는 것은 극단적으로 말하면 컴퓨터로도 할 수 있다. AI는 무언가를 '이해하고 있다'고 말할 수 없는데, 그렇게 처리할 수 있는 일은 인간의 일에서 멀어지고 있다.[3] 이럴 때 필요한 것은 '문제를 발견하는 힘'이다.

글쓰기의 효용

지금까지 말한 것은 순수 수학을 논의하는 방식이다. 얼핏 비즈니스와 관계가 있는지 의문이라는 의견도 있을 수 있다. 하지만 그 순서를 정리해 보면 다음의 4단계로 나눌 수 있다.

- 문제를 명확히 하고, 목표를 확실히 세우는 일
- 상황을 분석하고 그것을 정리하는 일
- 사용할 수 있는 도구가 무엇인지 확인하고, 이용 방법을 생각하는 일
- 행동의 전략(스트래터지)을 세우고 실행하는 일

---

2) 와일즈도 이 문제를 풀고 싶은 마음으로 수학 세계에 들어왔다고 말했다.

3) 그렇다고 초중고 교육이 쓸데없다는 말은 아니다. 그 수준의 교육을 확실히 해두지 않으면 문제를 발견할 수조차 없다. 문제를 푸는 것이 불필요한 일은 아니지만, 그것만으로는 부족하다는 말이다.

그리고 그것을 정리하는 데 가장 적합한 일은 다음과 같다.

논리적으로 써보기

수학이라는 학문에서 논리적으로 옳은 것은 누가 말해도 항상 옳다. 초등학생이든 대학교수든 마찬가지다. 따라서 얻은 연구 성과는 (순서를 다투는 경쟁은 있다고 해도) 널리 공유되어야 할 것이다.

수식용 워드프로세서 소프트웨어[4]가 보급되어 있는 오늘날에는 무언가 생각나면 우선 논문 (혹은 노트)의 형태로 써 보고, 하룻밤이 지난 뒤 논문 평가자가 되었다고 생각하며 다시 읽고 검토하는 방법을 쓰는 연구자도 많다.

이는 본래 타인에게 전달하는 것을 목적으로 했던 '논리적으로 쓰기'가 자기 자신을 향한 정보 전달, 다시 말해 자신과의 대화 도구가 되고 있음을 보여준다.

흔히 '논리적으로 생각한다'라는 말을 하는데 이것은

정보가 소용돌이치는 혼란스러운 상태

vs

정보를 끄집어내어 논리적으로 표현한다

---

4) 수학에서는 1980년경부터 도널드 커누스(D. Knuth)가 개발해서 무료로 공개되어 있는 TEX라는 조판 시스템이 많은 사람들에 의해 개량되어 표준적으로 널리 이용되고 있다.

이런 두 상태가 오고가면서 형성된다.

논리적인 표현으로 그 세계가 더욱 선명해지고, 혼란스럽게 남아있는 부분을 알 수 있으며, 그곳에서 다음 정보를 꺼내 조합한다. 이런 작업이 축적되면서 수학도 비즈니스도 성립되는 것이라고 말할 수 있다.

정리해보겠다. 학교에서 배우는 (고등) 수학은 의미가 없다고 장담하는 사람이 있다.

수학이란 계산해서 답을 내는 것이다

이렇게 보면 의미 없다는 평가는 당연할지도 모른다. 그러나 요즘 고등학교에서 대학 초년까지 '계산 문제'의 상당수는 컴퓨터가 순식간에 답을 내준다. 비싼 소프트웨어가 아니라 무료 웹사이트에서 결과를 낼 수 있다. 따라서 그런 문제가 생겨도 대수롭지 않다.

엄밀히 말해 더는 논의의 대상이 되지 않는다. 이런 형태로 매사를 접하는 경험, 게다가 그것을 추상적인 세계인 수학에서 실시하는 경험은 비즈니스인에게 큰 도움이 된다.

한 장의 그림과
수학적으로 말하기

소부카와

모든 것을 한 장으로 설명하는 펀치화

일본의 관공서에서는 펀치화라는 그림을 자주 사용한다. 원래 말의 뜻은 조금 달랐던 듯하지만, 현재는 '모든 것을 한 장의 지면으로 설명하는 그림'이라고 하면 될 것이다.

시간이 없는 VIP에게 무언가를 설명할 때 자주 이용되어 의외로 편리하다는 이야기를 듣는가 하면, 펀치화를 슬라이드로 제시해서 대규모 인원에게 설명할 때 사용하는 것에 비판적인 의견도 있다.

여기서는 먼저 펀치화의 정체와 그 모습을 '수학적으로 말하기'라는 입장에서 살펴보겠다.

논리적으로 그려진 그림이라고 하면 신기하게 보일 수 있다. 이를 바탕으로 '수학적으로 말하기'가 무엇인지 검토해보고자 한다.

첫 번째 예는 각 지역 고령자에 대한 포괄적인 의료와 돌봄 시스템의 확충 계획을 생각하고 이를 펀치화로 그려 보자.

논리적인 방식은 앞에서 설명한 것과 같지만, 이번에는 표현 수단이 문장이나 기호뿐 아니라 그림이 된다.

이미 알고 있는 사항을 확인한다

먼저 전체 상황을 파악한다.

1. 의료·돌봄의 니즈는 현장이나 사람에 따라 다르기 때문에 국가나 광역자치단체라는 큰 단위가 아니라 더 작은 단위, 예를 들어 반상회 수준의 단위로 생각하는 것이 바람직하다.

2. 의료·돌봄은 고도의 전문성을 필요로 하는 부분도 크지만, 그것이 항상 필요하다고는 할 수 없다. 또 인적·물적 자원에도 한계가 있다. 그래서 광역적인 틀을 배경에 둘 필요가 있다.

3. 한편으로 유자격자뿐 아니라 폭넓은 틀에서 생각하고, 많은 사람이 참가하는 체제를 생각해서 지속 가능한 시스템을 구축하고자 한다

각각은 다음과 같이 되어 있다.

1. 생각해야 할 지역의 단위로 반상회·자치회의 기능은 장소에 따라 큰 차이가 있으므로 그 단위가 아니라 행정이 파악할 수 있는 초중학교 구역을 생각해야 한다.

2. 의료 서비스가 제공되는 고령자 주택, 그룹홈, 지역밀착형 특별양로원 등의 시설, 자택에서 생활하는 사람 등을 큰 틀에서 돌본다.

3. 의료·돌봄의 제공원으로 진료소, 약국, 방문 돌봄·간호스테이션 등을 들 수 있다

4. 의료·돌봄 제공을 관장하는 역할로 돌봄 매니저, 지역포괄지원센터 등을 들 수 있다

이런 것들은 전부 서로 대등하고 밀접하게 관계가 구축될 것이 기대된다. 이런 점에서 도표 10-2와 같이 둥글게 에워싸는 관계가 나타난다.

[도표 10-2] 지역의 의료·돌봄을 표현한 그림

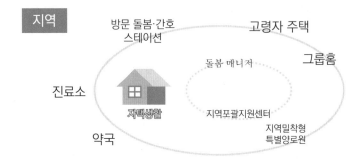

이 사이를 중개하는 중요한 역할을 돌봄 매니저가 맡으며, 지역포괄지원센터가 그 버팀목이 된다.

지자체 사이의 관계

특별히 필요한 것은 의료 관계다.

1. 기초지방자치단체는 각 지역의 시설에 직접적인 지원을 한다
2. 일정 규모의 도시가 되어야 종합병원, 응급병원, 재활전문병원이 생긴다. 그런 곳과 각 지역과의 제휴 관계가 필요하다.
3. 광역지자체는 고도 의료 등의 관리를 한다

광역지자체가 위쪽의 입장인 것은 아니며, 전체를 관리하는 사회자 같은 역할이라고 생각한다. 따라서 도표 10-3과 같은 틀로 표현한다.

[도표 10-3] 지역과 자치단체 간의 관계를 나타낸 그림

지방자치단체 — 재정 지원 / 시설 설치

특례시 / 중핵시 — 종합병원 / 응급병원 / 재활전문병원

광역지자체 — 고도 의료

표현과 마무리에 대해서

표현 방식에 대해서는 정해진 바가 없다.

다만 이런 그림에 의한 표현은 논리적으로 파고든 다음 플러스알파가 있고, 표현 수단(이 경우로 말하면 파워포인트 등의 소프트웨어도 포함한다)에 따라서도 달라진다. 그저 적당히 그림을 그리는 것이 아니라 그 전에 논리적으로 분석해야 한다.

논리적인 표현과 프레젠테이션

바쁜 VIP를 위해 금방 이해할 수 있도록 그린 펀치화는 모든 것이 고루 들어 있어서 본질이 무엇인지 파악하기 힘들 수 있다. 또 제대로 된 프레젠테이션에는 맞지 않는다.

예를 들면 화살표가 무엇을 의미하는지, 상하관계는 무엇을 의미하는지, 그런 부분이 모호하며, 동시에 너무 많은 정보를 제시하면 상대가 이해하기 어려울 위험성도 있다. 그런데 이것이 앞서 언급한 '정보가 소용돌이치는 상태'를 직접적으로 표현했다고 볼 수도 있다.

생각의 근간 부분을 직접 전달한다

그것을 목표로 하는 것이 펀치화다.

생각하고 있는 내용을 오해 없이 정확히 전달한다

그것을 목표로 하는 것이 수학 논문처럼 논리적으로 정리한 글이다.

똑같이 정보를 전달하는 수단으로 파악하는 것이 '말하기-듣기'의 관계지만, 문자 전달은 받는 사람이 읽거나 멈출 수 있는 데에 비해, 음성은 시간이 흐르는 대로 정보를 보낼 수밖에 없다. 따라서 말하기는 쓰기 이상으로 받아들이는 사람의 상황을 고려할 필요가 있다.

여기서 등장하는 것이 논리다. 논리 정연한 표현이 다른 사람에게 전달하기에 가장 효율적이다. 논리적인 흐름을 작은 단계로 나누어 제시해간다. 정보를 가능한 한 작게 해서 그 순간 이해할 수 있도록 한다.

이것이 좋은 프레젠테이션이라고 한다. 어떻게 보면 펀치화와 반대로 보이지만 사실 같은 과정에서 얻을 수 있다.

그리고 수학적인 표현이 중요한 샘플로 유용해지는 것이다.

- 급하게 전달하려면 펀치화 같은 형태로
- 상대방에게 무언가를 전하는데, 오해가 없도록 확실히 전하기 위해서
- 바쁜 VIP가 무엇을 원하는지 확실하지 않으면, 펀치화를 건네주고 상황을 살피며 구두로 이야기한다

이렇게 전달 상대를 생각하며 임기응변으로 해나가야 한다. 다만 그 중심에는 제대로 된 틀이 있어야 한다. 전하는 사람, 받는 사람의 능력이나 경험도 큰 의미가 있지만, 그 전제에 수학적(논리적)으로 말하기·쓰기는 최소로 필요한 기술이다.

시대를 넘어 세대를 넘어

역사상 최초로 논리학이 발전한 것은 고대 그리스라고 알려져 있다. 서쪽은 이탈리아 반도에서 이베리아 반도, 남쪽은 지중해를 넘어 아프리카 대륙, 북쪽은 독일과 프랑스 일대, 동쪽은 터키에서 중앙아시아를 거쳐 중국까지 이어지는 넓은 교역관계. 물론 사람들은 다른 언어를 구사한다. 그런 사람들이 의사소통을 하려면 어떻게 해야 할까?

언어의 차이는 차치하고, 공통적인 것, 근본적인 것으로 논리를 분명히 할 필요가 생겼다. 그리고 당시 그와 함께 수학도 크게 발전했다. 논리의

틀 안에서 수학을 생각하고, 그것을 논리적으로 기록하는 일을 통해 현대의 우리는 당시의 학문을 알 수 있다. 논리가 시대의 벽을 넘어 현대에 당시의 학문을 전해 주고 있는 것이다.

현대 사회에서 국경을 넘는 교환의 중요성은 새삼 말할 필요도 없다. 언어는 물론, 사고방식이나 습관의 차이도 알아야 한다. 한편 급속한 사회의 발전에 따라 세대 간의 골이 깊어지는 상황도 지적되고 있다. 윗세대가 지위를 이용해 구태의연한 사고방식을 젊은이들에게 강요한다면 분단은 더욱 깊어질 것이다. 왜 이전에는 그 방식이 통용되었을까? 왜 사람들은 그렇게 생각했을까? 그것을 논리적으로 냉정하게 파악해 본질은 무엇인가를 밝히고, 동시에 상대방의 상황 또한 논리적으로 파악해 공통되는 부분이나 맞지 않는 부분을 검토해 조정해간다. 이것도 말하자면 논리를 이용해 시간을 초월하는 커뮤니케이션이다.

수학적으로 말하고 쓰는 기술은 어쩌면 일상 대화에서는 사용하지 않는 편이 좋을지도 모르지만, 언제든지 사용할 수 있도록 갈고닦아 두어야 한다.

논리적으로 알겠는가?

소부카와

아이에게 "알겠어?"라고 강압적으로 묻는 어른들이 있다. 초등학교 교사 중에는 없겠지만, 자신의 아이에게 그렇게 묻고 있지 않는가? 아이는 부모의 눈치를 보면서 "응, 알았어."라고 말한다. 하지만 정말 알았을까?

새로운 사항에 관심이 있다면 배우는 측은 스스로 시냅스를 뻗는 셈이다. 그리고 가르침을 통해 정보를 향한다. 하지만 언제라도 그러한 상황이 된다고는 단정할 수 없다. 그곳에서 최초의 접속을 돕는 것이 논리적인 커뮤니케이션이다. 틀이 정리되어 있으면 배우는 측은 그 구조를 일단 받아들일 수 있다.

가늘어도 연결이 생기면 다음에는 점점 굵어진다. 머지않아 상호 흐름이 되고, 더욱 커져 일체화되며, 마지막에는 온전히 내 것이 된다. 논리적으로 안다는 것은 정말 알기 위한 첫걸음일 뿐이다.

참고로 '정말 알기 위해서는' 많은 경험이 기반이 된다. 어릴 때부터 돈을 들여 유아교실을 가도 좋겠지만, 집안일을 돕거나 공원에서 뛰어다니거나 정글짐에 오를 수도 있다. 좋아하는 캐릭터의 그림을 그리거나 만들기를 할 수도 있다. 노래하거나 춤을 출 수도 있고, 물론 그림책을 읽을 수도 있다. 그런 모든 일이 나중에 크게 꽃을 피운다. 내가 어린 아이를 둔 부모에게 권하는 것은 바로 그런 일이다.

수학적으로
말하고 쓰는 기술

초판 1쇄 인쇄 2024년 5월 9일
초판 1쇄 발행 2024년 5월 16일
지은이 소부카와 다쿠야, 야마모토 나오토
옮긴이 정지영
펴낸이 김요셉
책임 편집 김요셉
디자인 양은정
펴낸 곳 이사빛
등록 제2020-000120호
주소 서울특별시 서대문구 간호대로 11-31 102호
대표 전화 070-4578-8716
팩스 02-6342-7011
ISBN 979-11-986029-1-6 (03320)
내용 및 집필 문의 2sabit@naver.com

※책값은 뒤표지에 표시되어 있습니다.
※파본이나 잘못된 책은 구입하신 곳에서 바꿔드립니다